DUDONG XIANGCUN ZHONGGUO XILIE CONGSHU

读懂乡村中国系列丛书

城乡融合：重塑新型城乡关系的理论与实践

CHENGXIANG RONGHE: CHONGSU XINXING CHENGXIANG GUANXI DE LILUN YU SHIJIAN

吕路军　李　帅◎著

中国农业出版社
北　京

读懂乡村中国系列丛书

DUDONG XIANGCUN ZHONGGUO XILIE CONGSHU

编 委 会

主　　编： 姚慧敏　潘业兴　李　龙

成　　员： 吕路军　李　明　李　帅　张丽薇　张　月

本书著者： 吕路军　李　帅

著者单位： 吉林农业科技学院

总　序

乡村是具有自然、社会、经济特征的地域综合体，兼具生产、生活、生态、文化等多重功能，与城镇互促互进、共生共存，共同构成人类活动的主要空间。习近平总书记2020年12月28日在中央农村工作会议上指出："我国自古以农立国，创造了源远流长、灿烂辉煌的农耕文明，长期领先世界。纵览历朝历代，农业兴旺、农民安定，则国家统一、社会稳定；农业凋敝、农民不稳，则国家分裂、社会动荡。到了近代，列强入侵，内忧外患，农村荒凉，民不聊生。"历史一再证明，乡村兴则国家兴，乡村衰则国家衰。

在中国特色社会主义新时代，我国人民日益增长的美好生活需要和不平衡不充分的发展之间的矛盾在乡村最为突出，我国仍处于并将长期处于社会主义初级阶段的特征很大程度上表现在乡村。在全面建成小康社会之后全面建成社会主义现代化强国，最艰巨最繁重的任务在农村。在世界百年未有之大变局下，稳住农业基本盘、守好"三农"基础是应变局、开新局的"压舱石"。对我们这样一个拥有14亿多人口的泱泱大国而言，"三农"向好，全局主动。因此，民族要复兴，乡村必振兴。实施乡村振兴战略，是解决新时代我国社会主要矛盾、实现"两个一百年"奋斗目标和中华民族伟大复兴中国梦的必然要求，具有重大现实意义和深远历史意义。

实施乡村振兴战略，是党的十九大作出的重大决策部署，是决胜全面建成小康社会、全面建成社会主义现代化国家的重大历史任务，是新时代做好"三农"工作的总抓手。实施乡村振兴战略是实现国家富强、民族复兴的应然之举。实施乡村振兴战略是建设现代化经济体系的重要基础，实现农村一二三产业深度融合发展，有利于推动农业从增产导向转向提质导向，增强我国农业创新力和竞争力；实施乡村振兴战略是建设美丽中国的关键举措，统筹山水林田湖草系统治理，加快推行乡村绿色发展方式，加强农村人居环境整治，有利于构建人与自然和谐共生的乡村发展新格局，实现百姓富、生态美的统一；实施乡村振兴战略是传承中华优秀传统文化的有效途径，深入挖掘农耕文化蕴含的优秀思想观念、人文精神、道德规范，有利于在新时代焕发出乡风文明的新气象；实施乡村振兴战略是健全现代社会治理格局的固本之策，加强农村基层基础工作，健全乡村治理体系，有利于打造共建共治共享的现代社会治理格局，推进国家治理体系和治理能力现代化；实施乡村振兴战略是实现全体人民共同富裕的必然选择，不断拓宽农民增收渠道，全面改善农村生产生活条件，促进社会公平正义，有利于增进农民福祉，让亿万农民走上共同富裕的道路，汇聚起建设社会主义现代化强国的磅礴力量。

作为国家布局在吉林省的农业高等院校、国家级卓越农林人才教育培养计划改革试点院校、吉林省转型发展示范高校，吉林农业科技学院突出“农”字号大学的办学特色，充分发挥涉农专业优势，以立德树人为根本，强农兴农为己任，以习近平新时代中国特色社会主义思想为指导，深刻领悟“两个确立”的决定性意义，以推进农业和农村现代化为目标，大力实施助力乡村振兴战略，坚持发挥党建引领作用，以学院党委领航，增强服务乡村振兴的“动力源”，积极推进党建结对互助，做到与对接点需求和资源禀赋结合，与学校专业学科特点、优势结合，与结对基层党组织需求结合，因地制宜开展党建帮扶结对工作。按照习近平总书记“保护好黑土地这一‘耕地中的大熊猫’”“粮食安全是国家安全的重要基础”“农业现代化，关键是农业科技现代化”等相关指示要求，学院立足自身的科技优势、师资优势、专业优势、人才优势，依托15个助力乡村振兴专家工作站主动融入吉林省黑土地保护工程，深入吉林“田间地头”，攻克关键性共性技术难题，用自身的专业优势助力吉林省“藏粮于地、藏粮于技”，坚定扛起国家粮食安全的高校责任，为新时代吉林省全面振兴、全方位振兴提供坚强科技支撑。

“读懂乡村中国系列丛书”的编写就是在学院大力实施助力乡村振兴战略的背景下，以习近平新时代中国特色社会主义思想为指导，以习近平总书记有关“三农”工作重要论述为指引，为学院大力实施助力乡村振兴战略提供理论支撑、实践指导。丛书的编写工作得到了学院党委的高度重视，得到了学院科技处的大力支持，全体编写老师定当不负众望，以高度的政治责任感，精益求精，写出高质量的书稿。

由于丛书在撰稿过程中参阅、引用了许多专家、学者的著述，在此，对他们创造性的成果表示崇高的敬意和衷心的感谢！由于著者水平有限、时间有限，加之缺乏一定的实践经验，丛书中存在的疏漏之处，敬请读者批评指正。

“读懂乡村中国系列丛书”编委会

2023年2月

前言

城市和乡村是中国社会发展的两大基本结构，城乡融合发展是影响国家现代化发展进程的核心因素，是维持并促进社会和谐稳定的重要方式，城乡一体化发展与融合对于实现社会公平十分重要。新时代背景下，随着经济结构的深度变革与民众生活水平的不断提高，城乡关系在国家现代化发展过程中至关重要，其融合发展水平与程度将直接影响国家现代化发展层次与水平。

随着中国经济的快速发展，国民生活水平大幅提升，乡村建设逐渐趋于城市化。“进城、入城”成为当前全国乡村建设中的普遍现象，城乡融合进程速度随之加快。自党的十九大提出乡村振兴战略以来，国家高度重视乡村现代化建设与发展。在国家政策的指引下，各地政府积极开展新农村建设工作，比如修建乡村道路、增加居民收入、促进乡村文化发展等；地方高校也积极响应乡村振兴战略，提出卓越农科人才培养、免费农科生培训等策略，为城乡融合发展作贡献。随着社会经济的快速发展，城乡发展不均衡、不协调的问题成为影响社会稳定的主要原因与中国经济发展的明显短板。因此，探索一条兼具可行性与操作性的城乡融合发展之路并构建新时代背景下中国新型城乡关系便成了当前社会高度重视且亟须解决的重要议题。

城乡融合发展既要有历史与现实辩证关系的演进，也要有理论与实践的归总和探索。马克思、恩格斯提出并奠基了城乡融合理论，二人基于对城乡关系困惑与城乡分离原因的分析，提出破解城乡分离路径的城乡融合思想，深刻论述了城乡关系与城乡融合路径。列宁、斯大林在实践中丰富了城乡融合理论，列宁的城乡关系理论突出城乡互动，斯大林则评析了城乡关系理论与实践。自中华人民共和国成立后，尤其是改革开放以来，我国所形成的用以处理城乡关系的理念不断推进着城乡发展的新走向，并总结出具有中国特色的新型城乡关系处理解决思路，即城乡融合发展理论。同时在更为广阔的空间内，全人类都在探索着城乡关系走向，并形成一系列基础理论，这对于指导处理城乡关系、明确发展目标等具有重要理论意义。

改革开放以来，封闭的城乡发展状态逐渐开始松动，城乡间经济联系日益紧密，包括上海、江苏、广东沿海地区及部分中西部地区，相继涌现出城乡融合的实践个案。随着城乡统筹发展战略的提出，各项强农惠农政策相继出台，“以城带乡、以工促农”的发展理念得到广泛认同和贯彻执行，各地城乡融合发展步伐加快，全国范围内掀起了一股城乡融合实践的浪潮，发展经验从以县市为单位的小范围区域探索走向以省市为单位的大范围整体推进。在不同地区不平衡的发展格局下，各省、市、县因地制宜，摸索出符合自身实际的城乡融合发展道路，其中有代表性的主要模式有：苏南区域的“乡镇发展带动”模式、珠三角地区的“外向型经济主导、中心镇带动”模式、浙江义乌的“市场导向”模式以及京沪的“以城带乡”模式等。新时代，不平衡不充分的发展问题已成为制约全面建设社会主义现代化国家的突出短板。而解决这一主要矛盾的关键，在于重塑传统重城市、轻农村的发展路线，树立城乡融合发展理念，在保证发展质量和效益的基础上，协调各主体共同推进乡村振兴战略实施。

城乡融合发展虽然取得了显著成绩，但离乡村振兴战略实施的现实要求、离化解社会主要矛盾的根本需要、离实现“两个一百年”的奋斗目标仍有较大差距，仍然存在二元分割矛盾突出、收入分配差距较大、新型城镇化体制障碍、公共设施和服务供给差异明显等现实问题，应当引起足够的重视和反思。因此，要在城乡融合发展视域下，突破城市和乡村传统二元结构，坚持城乡等值原则，打通城乡互通互动渠道，树立城乡融合发展新理念，打造城乡融合发展共同体，建构新时代现代化城乡关系。

目 录

第一章　城乡融合发展的理论基础

乡村振兴战略是新时代我国农业农村发展的重大战略，对于如何调整城乡关系实现乡村振兴的探索从未停止过。2003 年，中央提出“统筹城乡发展、统筹区域发展”的发展理念，而后提出“城乡一体化发展”战略，2017 年党的十九大报告提出实施乡村振兴战略时，“城乡融合发展”战略应运而生。全方位解读城乡融合发展理论，对践行这一发展理论至关重要。

第一节　城乡融合发展的基本内涵

城乡融合发展是指以城乡生产要素双向自由流动和公共资源合理配置为重点，以工补农、以城带乡，统筹推进城乡基本公共服务普惠共享、城乡基础设施一体化发展、城乡产业协同发展、农民收入持续增长，形成工农互促、城乡互补、协调发展、共同繁荣的新型工农城乡关系，加快农业农村现代化和乡村振兴。① 可见，城乡融合发展的对象是城市和乡村，发展目标是共享、互助、互补，实现乡村振兴。因此，论述城乡融合发展的基本内涵需要首先界定城市与乡村的概念。

一、城市和乡村概念的界定

人类的聚集形成了城市和乡村，根据实际经验，本书认为一个聚集区不

① 国家发改委规划司，2021. “十四五”规划纲要名词解释之城乡融合发展［EB/OL］，https：//www.ndrc.gov.cn/fggz/fzzlgh/gjfzgh/202112/t20211224_1309380.html? code=&state=123，2021 年 12 月 24 日.

可以被重复定义为城市和乡村。当然，大都市区或者城市群中有可能出现部分区域被定义为乡村的情况，这与城市和乡村概念的互斥性并不矛盾。乡村在城市化的过程中可以演变为城市，城市在人口与城市功能逐渐缺失退化的情况下也有可能退化为乡村。

美国对城市的定义是西方社会对城市定义的一个缩影，比较具有参考意义和研究价值。威廉·托马斯·博加特认为城市的定义分为经济定义和政治定义①。美国人口普查局往往从统计学意义上定义城市，城市和城市化均使用人口密度进行定义。例如，如果一个不大的区域至少居住了 2 500 人，就把这个区域定义为城市。美国划分特大城市和大城市等城市等级时，人口密度是一个十分重要的指标。人口密度往往与经济活动密度紧密相关，包括衣食住行、劳动生产在内的几乎人的一切活动都与经济相关，因此经济活动是定义城市的另一个重要指标。基于人口密度和经济活动将城市定义为大都市、中心城市和更低级别的城市。根据经济活动密度，1991 年，乔·加罗引进了“边缘城市”的概念，即由于消费需求和就业机会迁离传统核心城市而导致大城市边缘区域形成的新的相对独立的人口经济集聚区。1983 年随着美国城市形态的演变，人口普查局修改了中心城市等统计方式，主要考虑人口密度和就业/居住比。

除了经济定义外，城市的政治定义在世界各国被普遍采用。所谓政治定义是指以政治权利为基础划分的城市、乡镇和村。政治定义的城市与依据经济活动定义的城市不同，主要特点是政治定义具有清晰的边界和被管辖范围。

根据经济和政治定义城市是一种科学的定义方法。针对城乡融合发展理论界定城市的概念时，不仅要考虑城市的政治定义和经济定义，更要考虑城乡融合发展理论的基本内涵和我国的发展模式。不同于西方社会的自由市场经济模式，我国的经济发展模式是在拥抱市场经济的同时保留并强化了强大的政治驱动经济模式。例如，开发区的规划、重点建设项目的政府推进、国有经济和集体经济组织的发展和各级招商引资机构的工作等都是中国经济发展政治驱动的体现。在西方自由市场经济理论下观察中国政治

① 威廉·托马斯·博加特，2014. 城市与郊区经济学［M］. 上海：上海财经大学出版社：7.

力量对经济的驱动时，这种干预总是不被接受，然而它在中国行之有效。有学者将这种以市场经济驱动和政治力量驱动为核心的双重驱动模式称为“市场经济＋党委书记”双核驱动模式，即社会主义市场经济模式。因此，正是由于这种“市场经济＋党委书记”双核驱动模式，在界定城市概念时，其政治定义比重要高于西方社会定义的城市。我国划分的城市级别中直辖市、省会城市/副省级城市、地级市、县/县级市、乡镇、村是以行政级别高低划分的，对应人口密度和经济密度多数情况与这个城市的行政级别匹配（正相关）。

相对城市，乡村在人口密度上大幅度降低，且乡村人口主要以从事农业生产为主。由于机械化生产和各种化学药剂在农业生产中被大量应用，导致农业生产所需要的人力大规模减少，河南、安徽、四川、江西等人口大省富余的劳动力弥补了城市经济活动中低端劳动力缺口。因此，我国乡村经济构成比较复杂，可以粗略地将乡村经济活动分为农业生产和外出务工，这种现象在我国的农业大省尤其明显。由于南北地域资源的差异，导致了人口分布、环境气候等差异，大量农业富余劳动力输出到沿海等发达区域的现象，在我国东北地区不太普遍。东北地区地域辽阔人口相对稀少，人均可耕作面积较大，乡村的集聚性远低于我国东部和南部区域。

由于我国地域南北和东西分布跨度较大，且经济发展水平差异明显，严格区分城市和乡村是明确研究对象的首要工作。从东部到西部，我国大体上可以分为三个经济板块：东部发达板块、中部次发达板块和西部欠发达板块。东部发达板块有些名义和政治意义上的乡村发展甚至已经超越其他板块的城市，因此，即使在名义和政治上被称为乡村，本书中仍将其划归为城市。综上，针对我国乡村振兴背景下城乡融合发展问题，本书对研究对象做出如下界定：

关于城市：①以我国政治划分为主，包括直辖市、国家中心城市、省会/副省级城市、地级市和县/县级市等；②人口密度远高于与之对应的乡村，居民从事非农经济，基础设施完备、教育医疗卫生明显领先的区域（人口密度标准应远高于西方社会设置的数目，否则我国作为人口大国在人口聚集效应明显的情况下会造成城市增加，统计失真）。

关于乡村：①以经济形态和人口密度区别于城市，人口密度明显低于城市，居民主要从事农业生产的区域；②科教文卫明显落后于城市，基础设施不完备，需要振兴的区域。

二、城乡融合发展的本质

基于城市和乡村的概念界定，理解城乡融合发展的本质含义是必要的。城乡融合发展本质上需要城市与农村从原来的相对隔离状态走向共同发展的道路，让城市与乡村优势互补，彼此资源可以有效流动，并最终达到农业和农村的现代化，实现乡村振兴。

中国是社会主义国家，我们最终要实现共同富裕。西方资本主义国家里，生产资料私有，资本高度追逐最大化收益，它们没有乡村振兴的动力义务和责任，资本总是流向最能获取利益的地方。而这种以资本流动为基础的资源的分配方式终将导致乡村与城市的发展水平差距越来越大。而达到共同富裕需要共同发展，需要先富带后富。2018 年 6 月，中共中央政治局召开会议，审议《乡村振兴战略规划（2018—2022 年）》。会议提出，要建立健全城乡融合发展体制机制和政策体系，并强调各地区各部门要树立城乡融合、一体设计、多规合一理论，抓紧编制乡村振兴地方规划和专项规划或方案，做到乡村振兴事事有规可循、层层有人负责。可见，城乡融合发展的本质就是共同发展，最终达到城乡互补共同富裕的目标。

第二节　城乡融合理论在我国的历史演进

一、城乡融合理论在我国的历史演进

从中华人民共和国成立起，我国城乡关系的发展共经历了四个关键节点，分别是中华人民共和国成立之年——1949 年、改革开放之年——1978 年、提出“统筹城乡经济社会发展”指导思想之年——2002 年（党的十六大）、提出“建立健全城乡融合发展体制机制和政策体系”重大决策部署之年——2017 年（党的十九大）。这四个时间节点下，我国城乡关系分别经历了“1949 年至 1978 年的城乡差别二元社会结构的形成及固化”“1978 年至 2002 年的城乡经济社会互动（协调）发展”“2002 年至 2017 年的城乡统筹发展”“2017 年至今的城乡融合发展”的过程。

（一）城乡差别二元社会结构的形成及固化（1949—1978年）

中华人民共和国成立后，我国国家贫困，百废待兴，为了促进我国国民经济的恢复和发展，解决国家工业化城市化发展基础资金极度紧缺的客观现实，我国确立了“重工业优先发展”的赶超策略。因此，自1949年开始到1978年实施改革开放政策之前这段时间，我国一直以实现国家工业化为发展目标，并在1962年形成了以“工业为主导，农业为基础”的国民经济总方针。在这一发展方针指导下，我国面临的物质极度匮乏却不得不花大力气发展工业化的客观事实推动了城乡差别二元社会结构的形成，而后一系列制度的制定，又强化和加剧了城乡差别二元社会结构的固化。

1. 城乡差别二元社会结构的形成

中华人民共和国成立初期，伴随城镇总人口的增长，我国出现了粮食紧缺的尖锐矛盾，面对这一状况，时任中央委员会负责人陈云提出的“统购统销”政策在国家政权的强制力量支持下对农民生活造成了一定影响，导致农产品价格维持在较低水平。

但据此认为这一时期的“统购统销”和工农产品“剪刀差”构成了城乡二元社会结构的内核并不能成立。中华人民共和国成立初期，国家确实通过行政力量使农产品价格保持在较低水平，农民利益也确实未被完全保护。但是，粮食占工业原料的比例极少，主要的工业原料是矿产。因此，国家以低价从农民手中收购的粮食为原料生产工业产品这种说法并不全面客观。其实当时最重要的工业原料是矿产，比如铁矿，钢产量是衡量当时国家力量的标准之一。造成“工农剪刀差”的主要原因是二者存在巨大效率差，工业效率远远高于农业效率，二者价值差并不是造成“剪刀差”的原因。否则将无法解释中国农产品价格长期（除了最初几年）高于国际粮食价格的现象，国际粮食价格长期处于较低水平，是不是因为国际粮食出口大国（美国、荷兰、巴西、乌克兰和俄罗斯等）政府通过行政手段维持了较低的粮食价格呢？恐怕无法自圆其说。因此，工农“剪刀差”实质上是生产效率的问题，不是二者价值的错误定义。互联网社会效率大于工业社会，工业社会效率大于农业社会，是必然的。

2. 城乡差别二元社会结构的固化

“统购统销”政策和人民公社制度的长时间施行，使农民的生活日益艰苦。渐渐地，农民出现了厌恶劳动的情绪，有的人甚至主动上交了土地证，并努力摆脱农民的身份，农村人员外流城市的情况日益加重。这一方面导致了农村劳动力减少，使农作物的种植和农产品的生产遭受重创，进而影响国家的工业化生产；另一方面，农民大量涌入城市也给城市的管理带来困难，而且人员就业问题也得不到妥善的解决。为解决这些严峻问题，国家先后出台了《关于制止农村人口盲目外流的指示》（1957 年 12 月 18 日）、《中共中央 国务院关于严格管理大中城市集市贸易和坚决打击投机倒把的指示》（1963 年 3 月 3 日）、《中华人民共和国户口登记条例》（1958 年 1 月 9 日）、《关于打击投机倒把和取缔私商长途贩运的几个政策界限的暂行规定》（1963 年 3 月）等文件，以加强户籍管理制度。这几项文件的出台施行，已然表明当时农村人口流入城市的现象已经到了非常严重的地步，必须要采取一定措施和多种办法予以禁止。其中，户籍制度的确立对城市户口和农村户口做出了正式规定，户籍成为农民向城市流入的真正鸿沟，以城乡户籍制度为核心的城乡二元社会体制走上历史的舞台，城市和农村出现了进一步的分离，城乡矛盾、工农业矛盾不断加深。在户籍制度的制约下，城乡劳动力难以流通，在很长的一段时间内，农村大量的富余劳动力无法转移到城市，他们被牢牢钉在乡村那片贫瘠的土地上，难以摆脱穷苦的生活。与此同时，城乡差别二元社会结构的发展方兴未艾，“城里人”和“农村人”之间由于社会身份的不同出现了社会地位的霄壤之别，国家的治理由此步入城乡分治状态，城市和农村在资源分配、就业等诸多方面都出现悬殊差距，城乡关系出现空前僵化，并在很长一段时间内没有得到缓和。

（二）城乡经济社会互动发展（1978—2002 年）

伴随城乡分离发展所带来的问题日益加重，1978 年我国开始实施改革开放后，国家对于城乡发展问题展开探索，城乡固化状态慢慢在曲折发展中破冰，城乡经济社会发展逐渐迎来崭新的局面。为了解决城乡二元体制机制障碍，国家在改革开放初期，便多措并举启动了乡村改革之路。

一是国家确立家庭联产承包责任制，人民公社制度逐渐解体，农民与国家的关系被理顺。家庭联产承包责任制的施行，使我国的广大农民获得了充分的经营自主权，大大提高了劳动效率；农民的劳动与收入实现了直接挂钩，极大地调动了农民的生产经营积极性；农业生产结构得到调整，为非农产业尤其是乡镇企业开辟了道路。从根本上讲，家庭联产承包责任制体现的是农民和生产资料是直接结合的关系，这是点燃农民对土地热情的关键一炬。

二是国家逐步取消“统购统销”政策，放开多数农产品的经营，在提升农作物等农产品的收购价格的同时降低农用生产资料的价格的方式，使工农业产品定价不合理的现象成为历史。种种类似举措下，我国城乡之间的商品流通渠道日渐通畅，城乡经济社会实现了互动发展。

三是国家放宽户籍管理制度，使农村富余劳动力向城市转移变得不再困难。这一方面实现了乡镇企业职位空缺与农村改革释放的富余劳动力的互补，推动了我国以乡镇企业为代表的农村工业化道路的迅速崛起，也带动了城乡经济的繁荣发展；另一方面，农民借此获取了较高收入，购买力提高，对城镇工业产品的需求增加，带动了城镇的经济发展。

以上的国家举措有效增进了城乡之间的交流，城乡关系走向缓和。不过，进入 20 世纪 80 年代中后期，国家将改革的侧重点转移到城市，尤其是社会主义市场经济体制目标提出后，各项资源要素又加速回流至城市，城乡经济社会的互动发展受到制约，城乡发展差距被又一次拉大。

（三）城乡统筹发展（2002—2017 年）

进入 21 世纪后，为了改善城乡之间发展不平衡、农村发展不充分的问题，国家在继续坚持马克思关于城乡融合发展制度的前提下，为建立一种新型的城乡关系不懈探索。

2002 年党的十六大提出了统筹城乡发展的重要战略思想，认为“统筹城乡经济社会发展，建设现代农业，发展农村经济，增加农民收入，是全面建成小康社会的重大任务”。其中，统筹城乡经济社会发展旨在通过调整工农、城乡发展战略，达到“工业反哺农业、城市支持农村”的目的。在这一思想的统领下，我国城乡统筹发展在各项利好政策的支持下取得了不错的效果。

2002 年 1 月召开的中央农村工作会议提出，新阶段增加农民收入总的指导思想是“多予少取放活”。这是这一思想自从 1998 年 10 月党的十五届三中全会通过的《中共中央关于农业和农村工作若干重大问题的决定》中被首次提出后的再一次被强调，并且自此之后直至 2008 年，这一方针政策被多次沿用，并三次出现在中央 1 号文件中。可见，关于乡村发展，我国不断在增加农业投入、促进农民增收、减轻农民负担、保护农民合法权益、搞活农村经营机制、消除体制束缚和政策障碍等方面出重拳下大力，国家力图统筹城乡发展的决心显而易见。

2003 年开始，国家强调灵活运用统筹城乡发展的思路与战略解决好“三农”问题，由此不少利好政策文件相继出台，对“三农”发展问题起到了积极的促进作用。2006 年，我国对建设社会主义新农村的历史任务予以肯定，这成为统筹城乡发展的一个重要平台，为城乡差别二元社会结构的弱化奠定了基础。2007 年，党的十七大提出形成城乡经济社会发展一体化新格局，在六个“一体化”中提出要做到“城乡规划一体化”。2008 年，党的十七届三中全会提出关于农村问题的新看法，认为我国总体上已经进入“以工促农、以乡带城的发展阶段，进入加快改造传统农业、走中国特色农业现代化道路的关键时刻，进入着力破除城乡二元结构、形成城乡经济社会发展一体化新格局的重要时期。”可见，我国城乡关系发展已然步入良性轨道。2012 年党的十八大报告中提到解决“三农”问题的途径是促进城乡一体化。由此，国家在农业农村投入机制与方式、粮食安全战略、农产品价格形成机制、农业补贴政策、农业经营、扶贫等方面作出政策调整，极大地促进了我国农业农村农民的进一步发展。2015 年，国家关于农业供给侧结构性改革被提上日程，2016 年得到了进一步明确和深化，可见国家关于城乡发展的制度性变革，促进了农业和工业产业链条的打通，真正促进了农业的良性发展。

这一阶段，国家施行的种种强农惠农富农措施，较好地促进了农业农村农民的发展，使城乡之间的紧张情况进一步缓解。不过，在城乡统筹发展战略下，农村与城市的地位仍不对等，乡村发展仍较被动，出现忽略农村现实状况，盲目追求与城市“同质”发展等问题，导致城乡发展不平衡，乡村发展不充分。即便城乡统筹还不够完善，但这是国家关于改善乡村面貌、破除城乡差别二元失衡局面的积极探索，是我国城乡关系走向更加和谐状态的必经之路。

（四）城乡融合发展（2017年至今）

2017年，习近平总书记在党的十九大报告中提出实施乡村振兴战略。之后，乡村振兴战略在《中共中央 国务院关于实施乡村振兴战略的意见》（2018）、《国家乡村振兴战略规划（2018—2022年）》（2018）、《中共中央 国务院关于坚持农业农村优先发展做好“三农”工作的若干意见》（2019）、《中共中央 国务院关于抓好“三农”领域重点工作确保如期实现全面小康的意见》（2020）、《中共中央 国务院关于全面推进乡村振兴加快农业农村现代化的意见》（2021）、《中共中央 国务院关于做好2022年全面推进乡村振兴重点工作的意见》（2022）、《中共中央 国务院关于做好2023年全面推进乡村振兴重点工作的意见》（2023）等文件中被多次强调并获得推动和贯彻。习近平总书记提出，要把乡村振兴战略作为“三农”工作总抓手，可见，乡村振兴战略的提出，使我国农业农村农民问题的解决获得了制度性保障。另外，国家还提出了“要坚持农业农村优先发展”的发展方针，力争从根本上改变农村长期从属于城市的历史地位，这可是新时代城乡融合发展的新起点。另外，2018年至2020年，国家对新型城镇化建设重点任务进行部署，强调加快推进城乡融合发展，目的是在提升城镇化发展质量的基础上，争取早日实现城乡融合发展的宏伟目标。

目前，经过几十年的发展，我国已经进入工业化后期和城市化中后期，拥有足够的物质基础来推动城乡融合发展。城乡关系在发展中已经获得重大历史突破，城乡之间的互动越来越紧密。不过，城乡二元体制机制问题仍旧是一个不容忽视的重要现实问题，城乡要素流动问题、公共资源配置问题等诸多问题仍制约着我国人民群众对美好生活需要的满足，进而影响城乡的融合发展，因此我国城乡融合发展之路任重而道远。

第三节　城乡融合理论的理论溯源

西方社会很早就开始了针对城市与乡村关系的研究，众多研究成果中以“二元结构理论”“核心—边缘”理论和城乡融合理论最为经典。刘易斯二元结构理论认为农业与资本经济因劳动力转移问题最终实现二元消失，即乡村劳动者与城市工人收入接近，实现劳动力的城乡一体化发展。“核心—边缘”理论是一种解释经济空间结构演变模式的理论，它试图解释区域如何从孤立最终发展到关联且平衡发展的区域系统。这些经典的城市乡村发展/关系理论对城乡融合发展理论的发展具有重要意义。

19世纪40年代的西欧社会，时值工业革命和城市化产生的时期，资本主义已经得到了空前的发展，但工人们却不得不生活在社会的底层，社会动荡，各种矛盾层见叠出，城乡问题异常尖锐。马克思、恩格斯立足当时的社会状况，对城乡差别出现的背景、本源、实际表现等进行了深入的研究，提出了内容丰富的城乡融合理论思想。马克思、恩格斯认为，推动城乡关系不断向前发展的根本因素是生产力，直接因素是社会化大分工，关键因素是消灭私有制。概括来说，就是要追求生产力和生产关系的有机统一，追求人的全面自由发展，追求城乡平等发展，追求资源要素的双向流动。

具体来说，马克思、恩格斯从生产力与生产关系的矛盾运动规律入手，认为城乡发展演变的历史规律是混沌一体—分离对立—融合发展，并且提到城乡融合是城乡发展的最高目标，也是必然趋势。在马克思、恩格斯的理论中，推动城乡发展演变的主体——人，是最终的价值指向。社会发展的最终决定因素是人民群众的获得感和幸福感，因而，人的全面自由发展和城乡融合，呈现的是一种相互促进的关系。关于此，恩格斯提到：“通过城乡的融合，使社会全体成员的才能得到全面发展”；“只有通过城市和乡村的融合，现在的空气、水和土地的污毒才能排除，只有通过这种融合，才能使现在城市中日益病弱的群众的粪便不致引起疾病，而被用来作为植物的肥料。”马克思、恩格斯对城乡分离发展持强烈的批判态度。马克思认为，城市工业的发展可以有效带动乡村农业的发展；恩格斯指出“消灭城乡对立并不是空想……消灭这种对立日益成为工业生产和农业生产的实际要求。”另外，马克思、恩格斯也指出了城乡资源要素双向流动的重要性。针对资源要素中的资本要素，马克思认为：“城市中利润的降低，促使资本流入农村，这就造成对农业劳动的新的需求，从而提高农业劳动的报酬。那时资本就可以说是遍布全国，并在农业中找到用途，于是原来在很大程度上是靠农村积累起来的城市资本又部分地回到了农村。”这意味着城市资本要素向农村回流带着一种必然性。针对资源要素中的人口要素，列宁认为：“只有农村居民流入城市，只有农业人口和非农业人口混合和融合起来，才能使农村居民，摆脱孤立无援的地位。因此，最新理论在回答浪漫主义者的反动的怨言和牢骚时指出，正是农业人口和非农业人口的生活条件接近才创造了消灭城乡对立的条件。”恩格斯认为：“只有使人口尽可能地平均分布于全国，只有使工业生产和农业生产发生密切的内部联系，并使交通工具随着由此产生的需要扩充起来——当然是以废除资本主义生产方式为前提——才能使农村人口从他们数千年来几乎一成不变地栖息在里面的那种孤立和愚昧的状态中挣脱出来。”可见，想要消除城乡之间的分离对立，并进一步推动城乡的融合发展，人口要素流动必不可少。城乡融合是一种历史发展的必然，而不是毫无理论依托的空想。循着历史规律合理发展，我国的城乡融合之路一定指日可待。

由此可见，城乡融合是一个消除城乡分离对立的历史过程，必须满足两个要素条件：物质条件和社会条件。所谓物质条件，即城乡融合发展以高度发达的社会生产力为物质前提。从本质上来说，城乡融合是对城乡分离的否定，而城乡分离起源于分工，源于生产力的发展，因此，城乡关系不断向前发展的内驱力是生产力的发展。马克思、恩格斯强调：“消灭城乡之间的对立，是社会统一的首要条件之一，这个条件又取决于许多物质前提。”这从侧面说明，如果生产力的发展水平不足以应对城乡发展不均衡所带来的种种问题，那么城乡之间的差距将会越来越大，城乡之间的对立也将更加严重。因此，将社会生产力的发展看作推动城乡发展的关键因素并非夸大其词。

所谓社会条件，即消灭生产资料私有制是推进城乡融合发展的基本需要。马克思、恩格斯在论及资本主义生产方式时指出：“资本主义生产方式同时为一种新的更高级的综合，即农业和工业在它们对立发展的形态的基础上的联合，创造了物质前提。”这是对资本主义生产方式的肯定。当论及这种生产方式存在的问题时，他们提出因为现代生产方式和交换方式下的生产力和交换手段日益超出了个人交换和私有财产的范围，总之，因为工业、农业、交换的共同管理将成为工业、农业和交换本身的物质必然性的日子日益逼近，所以，私有财产一定要被废除。这表明，伴随生产力水平的提高，私有制逐渐变成生产力进一步发展的一种不可逾越的鸿沟之时，城乡之间的利益冲突将会被进一步激化。因而，城乡融合必须以生产资料公有制为前提，破除生产资料私有制的障碍。

总而言之，消除城乡分离对立并实现城乡融合，最根本的前提是生产力水平的高度发展和物质产品的极大丰富。当生产发展能够满足人民的需要，城乡之间的生产力实现均衡发展，城乡之间的界限将会逐渐破除，并实现更加广泛的联系和融合，这是城乡融合发展的先决条件和迫切需要。

第二章　城乡融合发展的案例研究

在人类进行现代化发展的过程中，世界各国都在经历或正在进行城乡一体化的发展过程。与我国相似的发展中国家，尤其是一些发达国家在长期的城乡一体化建设中，积累了十分宝贵的经验和教训，因此，借鉴国外的城乡融合发展经验，找寻自己的城乡融合发展模式，显得十分必要。

第一节　国外城乡融合发展案例研究

在本节中，我们主要就全球发达板块和欠发达板块的城乡融合发展案例进行介绍和剖析，以期为我国城乡融合的发展提供借鉴。选取的国家（地区）分别是城镇化建设相对较早，城镇化经验比较丰富的发达国家——美国、法国、英国；短时间内实现城镇化建设跨越式发展的发达国家——日本、韩国；城镇化建设过程中多次出现问题值得我们引以为戒的发展中国家——印度、巴西。

一、全球发达板块城乡融合发展实例

对全球发达板块的城乡融合发展历程进行研究，并对他们在城乡发展中累积的经验、问题和教训予以总结归纳，对于我国城乡发展而言具有重要的意义。

（一）发达国家城乡发展过程

1. 美国：经济高速发展下的城乡关系迅捷变幻

美国虽是工业化国家的后起之秀，其工业化和城市化速度却毫不逊色于

老牌工业化国家。1870 年第二次工业革命开启之后，蒸汽机和畜力成为美国农业生产的主力，这有效带动了农业生产效率的提高，使乡村劳动力出现富余并不断向城市转移，农业从业人口因此减少。此外，美国在其城市化发展过程中，城市功能属性逐渐显露，城市化进程不断加快，继而衍生的高度发达的城市对移民形成巨大吸引，借此，城市劳动力人口进一步稳定。至 1920 年，美国城市人口从 1870 年的不足 20%增加到 51.4%。

在工业化发展和城市化推进取得成功的同时，美国适时地依此开展对乡村的扶植，城乡关系在城乡之间的工业机械和生物技术互通中和谐发展，总体呈现出三个主要特征：以城市工业化孵化乡村农业机械化；高度发达的交通设施提升了城乡互联；农民是生产者也是经营者。展开来说，首先，美国的城市化发展过程中，工业化起到了巨大的作用，乡村农业发展也因此受益。美国工业化对农业的支持很好地促进了农业的发展，尤其是大机器的使用，不但加速了农业生产，也为城市发展提供了最基本的劳动力转移保障。在这样的城乡和谐互通中，美国城市居民与农民在收入和生活品质方面没有明显的差距。甚至在 1997—2007 年的 10 年中，美国乡村居民收入 4 次超过城市居民收入（收入差距小于 10%）。这表明，美国的城乡发展是比较和谐的，即便是在工业化程度越来越高带动的农民越来越少的情况下，美国乡村也不会走向衰落。如今，美国仅用 600 万农民，便养活了 3.3 亿人口，年产粮食总量 5 亿吨，是世界上最大的粮食出口国，这便是美国城乡融合发展高度发达的最好证明。其次，美国的交通设施非常发达。美国拥有世界上规模最大的铁路网，截至 2021 年，其运营线路长度已超 25 万千米，高速公路里程 7 万余千米，这些基础设施为美国城乡互联提供了非常好的条件。实质上，长久以来，美国发达的交通设施都在默默地为城乡发展服务。从东部水运到太平洋铁路的修建，以及公路的发展，随之进一步推进的高度发达的汽车业[①]，为城乡互通融合创造了良好的机会，促成了美国人在车水马龙的城市立业，在山水田园的乡村成家的习惯，这在潜移默化中极大限度地提升了城乡之间的往来，从而对城乡之间的有机联通形成促进作用。最后，历史的发展决定了美国农民的自主地位。美国最早的南方富人是农场主，他们一方

① 张春波，2021. 中国特色城乡融合发展的理论与实践研究［D］. 长春：吉林大学.

面组织生产，一方面以卖方身份决定市场需要销售什么和能销售什么以及以什么样的价格去销售，这种模式一直持续到城市新型商人的出现。诚如霍夫斯塔特所言："美国出生在乡村，只是后来搬到了城市。"这句话道尽了美国城乡之间和谐发展关系的渊源。然而，进入后工业化时代后，单一的工业化城市出现衰落迹象，到 1970 年美国出现逆城市化现象，美国城市化步伐开始放缓，到 1990 年，美国城市化水平为 76%，发展速度降低。这牵涉城市转型问题，也是一个值得关注的问题。

2. 法国：以政策助农发展，规避城乡过大贫富差距

在法国的历史发展过程中，自 16 世纪起，小农经济便是法国农业经济的主体，并持续至 19 世纪末期，法国才真正开启城乡融合发展之路，起步相对较晚。

在拿破仑统治时期，拿破仑颁布了《民法典》，正式以法律的形式肯定了法国小农土地所有制形式。这种小农经济虽然在一定程度上适应了当时的生产力发展，降低了农民起义对抗政权的概率，但是却很大程度上对法国农村经济和生产力的发展形成阻碍[①]。主要原因在于，小农经济存在诸多阻碍生产力发展的因素，比如经济分散、落后、生产力参差不齐等。1960 年，法国政府颁布农业和农村发展的指导性立法措施——《农业指导法》（1962 年和 1980 年又先后颁布了两个农业指导法作为补充），其立法目的是在社会经济领域内实现农业和其他产业的平等，促进农业发展，增加农业对国民经济和社会发展的贡献。《农业指导法》鼓励农场合并，肯定了中等家庭农场的形式，并主张将分散的土地进行整合和重新分配。这样做无疑对破除小农经济的盲目性和低效率有积极的推进作用。

消除小农经济后，法国对农村的发展十分重视，出台了不少利好政策措施。比如，在土地管理方面，法国主张限制农场的过度兼并，为了方便农户发展家庭中等农场，政府购买大量土地并经整治后转让给对土地有需求的农民，对于需要购买土地和贷款的农民，给予一定程度的优惠。这对于法国中等农场的发展起到了十分积极的促进作用，对农民而言，也是受益良多。另

① 白雪秋，聂志红，黄俊立，2018. 乡村振兴与中国特色城乡融合发展［M］. 北京：国家行政学院出版社：110.

外，法国还有一项重要措施，变相推进了城乡融合发展，即为小农户提供终生养老金的养老金政策。这项举措足以使小农户拥有脱离农业的资本，成为劳动力进入城市工业部门，这在一定程度上促进了城乡均衡。小农户脱离农业后，闲置的土地被政府用来发展中型农场，同时开设土地银行进行土地买卖活动，吸引经济前景较好的农户进行购买。以上种种措施，一方面促进了法国农村经济的良好发展和农村土地的有效利用，另一方面也使农村富余劳动力成功转移至城市就业，可谓两全其美。

法国在城市发展方面，推崇的是"扁平化"发展，即避免在特大城市建造过高的建筑，从而缓解特大城市过度拥挤、交通不便的弊端。比如，在首都巴黎（法国最大的城市），其市区的建筑通常低于10层，这有效地降低了市区的人口密度，同时使城市医疗、教育和商业配套设施等得到改善。另外巴黎将大学区、商业区和公务区留在市区内，把商务区迁至郊区。通过这样的安排，不但可以缓解市区过度拥挤的压力，还能促进郊区经济的协调发展，从而避免城郊之间出现过大差距。此外，为了对抗城镇化进程中城市过度发展较易产生的"城中村"和贫民窟的问题，巴黎政府规定，承建商品房的开发商，若想拿到房建许可证，就必须在开发地合适的位置建造廉租房，这在较大程度上降低了贫富分化，也大大减低了巴黎出现大规模贫民窟的概率。

种种举措下，法国城乡一体化的速度是比较快的，当前的城镇化率已经达到80.18%（2021年数据）。为了避免过度城市化带来的消极影响，法国政府促进农村发展的力度一直不减，不但从养老金、社会福利等方面实现城乡无差异，而且还在不少方面有意向农村倾斜。比如，为了鼓励农村青年人留在农村，政府提供了长期无息贷款、免费培训及农民补贴等多种利好政策，为青年人在农村创业提供了多种便捷条件。

实质上，法国实施的以上措施，主要是为了防止过度城镇化可能会带来的农村"空巢"和老龄化现象，这是许多国家在发展城镇化过程中规避不及的现象。

3. 英国：国家层面利好措施的颁布和以人为本的执政理念

总体而言，英国的城镇化进程呈现出起步早、过程颇为顺利的特点。自公元15世纪开始，英国通过一场历时持久、影响深远的土地变革运动——"圈地运动"积累了大量的资本，为工业革命做出良好储备，率先成为世界上第一个进行工业革命的国家。18 世纪 60 年代，英国正式开启城市化进程。当时的英国，正面临着城市迅速发展、乡村人口大量涌入国内大城市、环境污染严重且人口贫困等重大问题，其首都伦敦由于污染严重成为“雾都”，贫民窟遍地，各种恶劣案件层见叠出。不过，这并未影响英国城乡一体化的脚步。如今，历经 200 余年的发展，英国已然有效解决了与城乡一体化相关的制度与人口等问题，其经验非常值得借鉴。

英国的城乡一体化过程进展顺利的重要原因是有效的农业政策的施行与对“个人”理念的重视。在英国、英联邦国家和地区，全部的土地从法律上都归英王或国家所有。也就是说英王是唯一的绝对的土地所有人，个人、企业和各种机构团体仅拥有土地的使用权。但是，英国实际施行的土地制度却是完全的私有制。在英国，虽然公用地的产权归公所有，但农民在使用公用地时所拥有的权利是与其所有的私有地的数量成正比的，换句话说，就是农民所有土地越多，他所能开展活动的公用地越多。这无疑是对“个人”理念重视的结果。

历史上，英国通过“圈地运动”、土地的原始积累、制度变迁等，积攒了足够的资本开展工业革命。工业革命开启之后，英国的城镇化率步步攀升。与此同时，乡村大量劳动力向城市工业部门转移，变成促成英国经济发展的一股强劲动力。

19 世纪 40 年代，英国工业革命基本完成；19 世纪 50 年代，英国基本消灭小农经济，资本主义农场制度开始形成。纵观 19 世纪的英国，其农业经济在农业技术不断创新更迭下迅速发展，为城市人口乃至城市工业部门提供了足够的消费资料和必要资金，从而促成了城市工业部门的良好发展态势，大量乡村富余劳动力因此顺利转移至城市工业部门中，获得更多的就业机会。这种良性迁移促进了英国城镇化率的急速提升。

进入 20 世纪，为了进一步提升城镇化水平，英国颁布了一些相关的法律和措施。比如，颁布《住房与城镇规划诸法》（1909 年），这是英国颁布的第一部涉及城乡规划的法律，被称为英国历史上首部真正意义上的规划法案，赋予地方政府编制“规划方案”的新权力，对正在开发或将要开发土地的适宜卫生条件、宜人的环境和便利的设施等提出了针对性限定要求，城市规划作为地方政府职能开始对土地利用依法进行必要的行政干预；英国颁布

《财产法》（1922年）确立了新的财产制度，公簿保有权被最终取消；之后颁布实施的《新城镇法》（1946年）、《城镇和乡村规划法》（1947年）等系列法律，加强了土地管理；颁布实施的《农业持有地法》（1906年）、《农业法》（1941年）等法律，对自营农场的发展提供保障和支持，目的是促进农业的规模经营；除此之外，英国还颁发了数十部关于城市的法规条例，赋予了城镇化新的底蕴。英国颁布的一系列与城镇化有关的法律法规无疑从国家层面对英国城镇化的进程提供了足够的保障，其实际施行中也的确取得非常好的效果。这于我国而言，不失为一个有益的参考。

除了颁布有效的法律政策，英国政府更重视从“内部”加速城镇化进程，注重以人为本，强调以“人”为中心来实现城乡的改造，因此，农民个体是英国政府十分重视的。英国在20世纪初颁布的一些法律法规中，都非常明确地提出城市建设要以人为中心，城市发展的最终目标是满足人的需要，而城市建设不能只见物不见人。[①] 另外，英国政府在城乡公共服务领域，也始终践行着“以人为本”理念，对公民的健康和医疗水平十分重视，尤其是对农村地区，特别是对于无车农民家庭的医疗问题，予以格外关注。此外，英国政府也十分注重提升城镇化进程中的国民素质和教育水平，主张消除城乡教育差别，对农村学校发放大量补贴，并针对14至19岁乡村学生开展职业教育。这种种举措有效缩小了城乡之间的差距，促进了城乡一体化进程。

4. 日本：政策牵引下的城乡快速发展

日本国土面积仅37.8万平方千米，而且自然资源匮乏，但经济发展却极为迅速，是亚洲最发达的国家，也是世界第三大经济体。第二次世界大战后，日本经历了战后经济恢复阶段（1945—1955年）、经济高速增长阶段（1955—1972年）和经济低速增长阶段（1973—1990年）三个时期，经济崛起速度惊人。这期间，日本城市人口数量激增，城乡之间矛盾凸显，为了解决问题，日本政府开启新农村建设并实施一系列政策。1973年以后，日本农村居民人均收入一直高于城市职工人均收入。当前，日本城市化率达到

---

① 白雪秋，聂志红，黄俊立，2018. 乡村振兴与中国特色城乡融合发展［M］. 北京：国家行政学院出版社：108.

93.02%，位列世界之首。可见，虽然日本的城乡融合发展起步较晚，但发展程度却很高，对其发展过程进行了解是非常有意义的。

早在明治维新（19世纪60—90年代日本的改革运动）时期，日本便开启了现代化进程，而且是工业化和城市化发展并行。第二次世界大战之后，日本重点发展工业，并且快速地进行城市化改造，吸引大量农民涌入城市，城乡差距逐渐增大。日本一度以牺牲农业为代价换取工业的发展，这严重损害了农民的利益，并直接导致农业发展严重滞后，使城乡差距越来越大。

20世纪60年代，为了缓解乡村人口不断向城市流入，日本出台多项政策，旨在鼓励农地分散占有，集中经营并协助合作。其具体做法是成立并扶持各种农业合作组织，以扩大土地的经营规模。农民可以将一些农业工作和经营委托给农协、农业委员会等，这样不但减轻了农民的压力，而且还维系了农民与土地的联系。另外，日本政府为了鼓励土地流转，将土地集中到一部分农户手中，开始放松了对土地流转的限制，这在一定程度上扩大了农业生产的规模。与此同时，为了吸引城市人口去农村居住或者投资，日本建立了一套比较完善的农村住宅流转体制，这在一定程度上促进了农业的发展。此外，由于土地资源稀缺，日本政府对于土地的管理十分严格，私自改变农地用途是不被允许的，这对农地保护而言，是非常重要的保障。可见，日本农业相对发达的主要原因在于日本政府对土地的严格管理，以及完善的农业合作组织的建立和规模经营的方式，这些可归功于合理的土地制度安排。

除了改革农村土地制度、力争扩大农民收入，日本政府在对抗本国工业迅猛发展带来的城乡差距拉大现象上也是不遗余力。首先，在政治权利、房产和户籍等国民最为关注的问题上，日本一贯坚持平等，在本质上消除城乡之间的歧视。日本政府为进城务工人员提供与城市居民相同的社会保障和市民身份，同时严格要求企业采用“终身雇佣制”等方式来解决农民的后顾之忧，这在很大程度上避免了城市总“流民”的出现。其次，在公共资源和社会福利方面，日本政府鼓励资源共享，尤其是促进医疗和教育方面资源从发达地区向落后的农村地区流动。最后，在城市布局方面，日本政府十分注重轨道交通建设和发展。在发达的轨道交通的带动下，在东京和大阪等大城市，逐渐形成有轨道交通辐射产生的大型都市圈和经济圈，这些地方享受着轨道交通站点便利的同时，也慢慢配备了完备的保安、生活娱乐、教育和医疗等多方面设施，解决了大城市过度城市化、城乡界限明显以及贫民窟等问题。

总而言之，全球第一的城市化率已然说明了日本在城乡发展方面的合理性，其政策牵引下的城乡发展之路值得我国参考借鉴。

5. 韩国："新村运动"和全民总策动

韩国成立于1948年，为了实现经济的快速发展，1962—1971年实施了两个五年计划，将经济发展的着力点定位于工业发展和扩大出口，在较短时间内形成了一个出口导向型国家，经济在非常短的时间内就实现了快速增长，增速在10%左右。然而，同一时期，韩国农村经济增长速度仅为3.7%，城乡居民收入差距非常大，农民收入不及城市居民收入的一半。这样悬殊的城乡经济差距导致乡村人口向城市大量转移，彼时首都人口总量一度达到韩国总人口的一半。这一实际情况致使城乡差距迅速扩大、农村人口向城市无序流动及城市秩序混乱等。特别是韩国的农业部门在一定程度上出现萎缩，农村"空巢"现象较为明显。

为了解决城镇化进程中出现的问题，1970年4月，韩国政府提出"新村运动"，目的是为了摆脱农村落后贫穷的局面、促进工农业协调发展，并有效推动整个国民经济的稳定发展。经过长期的努力，韩国较为有效地解决了城乡一体化进程中的顽疾。而这一切主要归功于"新村运动"的成功实施。1970年4月，朴正熙在全国地方行政长官参加的抗旱对策会议上提出"建设新村运动"的构想，其目的主要是动员农民共同建设"安乐窝"。正如前面所述，过度的重视发展工业而轻农业的做法使当时占全国人口70%以上的农民生活水平较低，且农业生产也极度落后。中央政府由于资金短缺，也无法通过实质性的手段去扭转这一不利局面。然而，在实施"新村运动"之后，情况有所改变：在"新村运动"的初始阶段，中央政府向全国所有3.3万个行政里和居民区无偿提供水泥，用来修葺房屋、翻修公路等基础设施方面的建设。在这之后，韩国政府又挑选出16 000个村子进行样板村的建设，此举很好地带动了全国农民建设新家园的主动性。仅仅用了几年的时间，韩国便通过"新村运动"颇有成效地改善了农村的面貌，农民也因此受益良多。实际上，到了后期，"新村运动"慢慢转变成农民的自觉行动，当被动性转变为一种自发的力量，这项运动便生发出新的内涵，其社会实效性显而易见。

总结起来，韩国“新村运动”是循序渐进且分阶段的，并不是预先“设计好”的形式化制度，分阶段的“运动”也随着具体的时间地点变得功能不同：第一，从1970年持续至1973年的基础建设阶段，这一时期的重要任务是满足农民的基本需求，包括农民厨房、围墙、厕所等房屋改造，以及公路、公用洗衣场等基础设施的供给。第二，从1974年持续至1976年的扩散阶段，这一时期的重要任务是促进“新村运动”从农村走向城镇，并最终实现以点带面，将这项运动发展成为一种辐射全国的现代化建设运动。这个阶段的目标主要是改善农民的居住环境和生活质量。第三，从1977年持续至1980年的提高阶段。这一时期主要是缩小城乡差距，政府积极发展现代农业并推动和发展乡村文化，政府在运动中逐步从主导到引导农民自发参与。韩国各地的行政村自发地创建了开发委员会以更好地成为“新村运动”真正的主导者，吸引全体农民积极参与。开发委员会包括多个部门，比如，有乡保部、青年部、监察会、妇女部、村庄基金等。运动的内容多种多样，例如，改善村容村貌、修建公路、邻里互助修筑房屋，创办文化事业，对孤寡老人予以关注、关心和照顾，等等。第四，从1981年持续至1988年的自发阶段。这一时期，“新村运动”已经基本实现了农民的完全主导，其显著特点是政府建立了全方位的民间组织，大多数工作由民间组织来承担，政府只是通过协调、规划等手段，进一步提高农民收入并完善农民的生活环境。第五，自我发展阶段（1988年至今），“新村运动”的积极影响向周围的农村进一步扩散，农民“市民化”程度逐步加强，农民往往自觉抵制社会不良现象，并不断地传承和发扬“新村运动”的先进理念。当“新村运动”实现了国民的自我主导之后，运动初期创建的种种活动、机构等，无论在形式上还是内容上，都在走向衰退；与此同时，一些更符合农村需要的组织机构应运而生，这些机构包括农业科技机构、农村教育机构、农村综合开发、农村经济研究、农协等，这些组织秉承“新村运动”的优秀理念和精神，为农业农村的发展发光发热。

韩国通过长达数十年的“新村运动”，摆脱了贫穷，并成功跻身发达国家的行列，“新村运动”不但使韩国农村基础设施有了量的变化，而且使农民收入有了质的飞跃，特别是农民素质有了较大幅度的提升，从而促进了韩国城乡一体化进程的加速。

（二）发达国家城乡融合发展特点

总的来说，发达国家在城乡融合方面的经验大都是比较成功的，本书将针对以上提到的案例来对发达国家城乡融合发展特点予以总结。

1. 美国城乡融合发展特点

第一，制定了比较完善的城乡发展规划。为促进城乡发展，美国制定了许多与城乡规划有关的法律法规，囊括了城乡规划的方方面面，包括自然资源的保护、能源、空气质量、林地保护、建筑物规格、用地、住房、经济发展、交通、基础设施、公共服务等。同时，为了不同州之间的协调发展，在制定规划时充分考虑了各个州的实际情况，并制定出更符合当地发展的城乡发展规划。美国十分重视公民在城乡规划中的参与性，建立了较为完善的城乡规划调控与监督体系。而后，美国制定的这些城乡发展规划历经时间淬炼，给美国居民的生活环境带来了很大的改善，但遗憾的是，美国社会贫富差距凸显，出现了比较明显的城市偏向问题。20 世纪 70 年代后，美国城乡规划走向成熟，城市的社会经济发展与物质建设共同进步，公民生活质量得到保障。在美国的城镇化进程中，美国重视城镇在体系上的多层次以及中心镇和中小城市的发展路径，对城镇的发展有合理清晰的科学规划。美国具有自由开放的城镇化模式，打破了区域间隔阂，通过建立众多的地方小城镇、不同大小种类的中心镇以及大都市等不同层次的城镇体系形成都市圈带动发展。

第二，十分重视农业生产和农业发展。美国非常重视农业生产，注重以多种方式提升当地的农业生产水平和农业生产效率，比如出台支农护农政策、推广家庭农场和农业合作社以实现规模化经营等，以不断提高并稳定农场、农民的收入为宗旨。美国拥有一套比较完整的农业补贴体系，这有效缓解了美国农产品过剩的问题，间接提升了农民抵抗风险的能力。2014 年，美国以向农业生产者提供较低价格的农作物保险的方式代替了对农业的直接补贴，这是一种相对隐晦的农业补贴方式，对农民来说，仍然是一项强有力的保障。为了确保农业生产资金充足，美国对农业财税信贷提供了很大的支持。另外，美国拥有相对完善的农业科研合作体制，为了维护其运行并有效提高农业生产的技术水平，提升农业生产效率，美国对其投入了大量的科研经费。

第三，高度重视城乡基础设施建设。美国实施的是联邦、州、县三级财政管理制度，这有力推进了美国城乡基础设施建设。美国进行西部大开发时，通过发展铁路、通信、交通，构建了覆盖全美的交通网络，这极大促进了城乡之间的交流。为了改善农村的生活环境，美国积极推进了农村的电气化并取得了不错的效果。进入21世纪后，美国以加强农村地区能源、教育、医疗等基础设施建设为目的成立了有针对性的基金项目，强化相关公共服务供给，不但很好地保障了农民的生活质量，还大大提高了农民的就业机会，形成了一种良性循环。

第四，较好地实现了城乡公共服务均等化。美国十分重视提升国内的公共服务质量，因此对其的投入每年都会有所增长，2002年，这项支出甚至超过了65%。同时，美国一直坚持城乡公共服务的均等化，竭力为每一位公民提供较为均等的公共医疗、养老保险、住房等基本的社会保障服务，很好地提升了国内居民的生活品质。另外，美国也非常看重农民技术水平和整体素质的提升，政府先后颁布了《莫里尔法》和《史密斯休斯法》等法案，对农村职业教育的发展提供了法律保障。多年以来，美国已然营造了一个比较完善的城乡统一社会保障体系，这为城乡间要素的自由流动创造了很好的条件。

2. 法国城乡融合发展特点

第一，废除小农经济。从某种意义上来说，废除小农经济，是法国城乡融合发展的基础。为了发展农村经济，法国政府加大了农业的规模化经营，促使中型农场不断涌现，这不但促进了农业的快速增长，避免了城乡差距的进一步拉大，还有效规避了小农经济分散、滞后的缺点。而且，这一举措实际上是一种对土地等财产的变相保护，对于稳定农村发展十分有利。

第二，恰当的农户补贴和农村政策倾斜。法国对农户的补贴和农村政策的颁布是适度且有效的。当城市建设对农村劳动力存在大量需求时，法国政府颁布农户养老金补贴政策，使农民到城市部门工作毫无后顾之忧，这对农民进城工作形成了有效吸引，有效促进了农村剩余劳动力的转移。不得不说，这是一项保障城乡劳动力均衡、提高城镇化率的良好举措。而在城乡劳动力基本达到均衡之后，为了让农村的发展与城市同步，法国政府推出向农村倾斜的政策，例如各种优惠措施使青年留在农村创业，这也使农村与城市的发展达到同步，避免城乡差距的拉大。近年来，法国城市化进程呈现出一个与社会经济发展密切相关的特点。由于法国已经基本实现了城市化，全国农村人口仅占总就业人数的10%，因此，政府千方百计地鼓励年轻人留在农村，避免农村“空壳化”和人口“老龄化”。为此，法国政府通过提供无息贷款、补贴及培训等多种方式，为年轻人在农村地区就业提供方便。

第三，城市“扁平化”战略。法国城市的“扁平化”战略使城市与郊区和农村逐步形成良性互动。法国施行的城市“扁平化”战略，其主要目的是降低人口密度，从而避免由高人口密度带来的一系列问题。事实证明，这项战略是有效的。另外，为了切实解决农民在生产及生活方面的问题，使农村的从业者不必担心老年生活问题，法国政府推行了互助保险、合作社等惠农模式。这一系列举措，很好地改善了农民的生活，并使城乡关系更加和谐健康。

3. 英国城乡融合发展特点

第一，新区的探索与尝试。20世纪初，在英国著名的城市学家——“田园城市”运动创始人埃比尼泽·霍华德的推动下，英国建立了莱奇沃思（Letchworth）和韦林（Welwyn）两座田园城市，这一关于城乡新型关系的主动探索，成为英国20世纪中叶以后新城镇运动思想的源头，对促进规划城乡、实现城乡一体化等产生了极大的影响。

第二，提升乡村地位并加强治理能力。伴随城市基础设施的逐步完善，以及大城市人口规模的相对稳定，英国的城市步入功能影响郊区阶段，部分城市的功能开始向郊区疏解，出现中小城市的卫星城规模和比重加速。1972年，英国政府颁布《地方政府法案》，该法案促进了乡村的地方自治，从而进一步促进了城乡关系的改善。

4. 日本城乡融合发展特点

第一，乡村利好政策的制定。日本特别注重城乡之间的一致性和平等性，为保障农民权益先后出台了《生活保障法》《国民健康保险法》《国民年金法》《农业基本法》《山区振兴法》《向农业地区引进工业促进法》等明确的乡村发展政策，保障了农村与城市之间的教育均等化、基础设施均等化和生活保障均等化。在这些政策加持下，农民的收入甚至超过城市居民，而且有赖于“终身雇佣制”，农民进入城市工作也不必担心会面临失业。此类政策的施行使日本实现了城乡统一，保障了农村发展，并且有效促进了城市要素在农村的自由流通。更重要的是，日本政府出资建设的政策性金融机构、农协组织的互助性金融机构、商业金融机构等使乡村发展得到有效保障。日本这种向农村进行政策倾斜的做法，使城乡居民的生活质量毫无二致，可谓实现了城乡均等化。

第二，“三农”权益保障规范化。日本的农业农村农民权益均能得到规范化保护。其中，比较具有代表性的保障：农业保险覆盖面高，农民损失小；农协组织作用大，既是生产者又是经营者，从而从生产到销售，从议价到定价，农民始终把自我利益攥在手中；农民收益覆盖范围不断拓宽；注重保护农民不动产，维护农民的收入权益；等等。这些乡村的新引力使得许多人开始寻求到乡村工作，不少城镇人口开始向农村转移，大都市区人口向外迁移的趋向开始显现。

第三，尤其关注都市圈和中小城市的同步发展。大城市拥有的作为现代城市的重要价值包括带动和辐射两个作用。这一点在日本大湾区城市群中尤其明显，以产值高、影响力大、吸纳就业能力强、创新能力强等，成为日本现代化发展的标志性存在。除了关注都市群，日本对中小城市功能的发挥也同等重视。为了促进这些中小城市的协调发展，日本将这些地方按照经济、生态和社会功能等进行分区，促进各地的优势充分发展。另外，通过轨道交通将大都市与中小城市有效衔接起来，这就避免了因大城市高物价、高房价和高消费带来的贫民窟现象。同时日本还将工业布局向乡村延伸，如今日本的工业在乡村也十分普遍。虽然日本的农业技术发达，但即便是农业大县其农业也只占国民生产总值的10%以下，因此工业的下移不仅对推动农业现代化意义重大，在促进乡村就业、推动产业融合方面都具有积极意义。

5. 韩国城乡融合发展特点

第一，激昂农民精神。韩国十分重视对农民精神的鼓舞，鼓励农民在乡村建设过程中充分发挥主体地位和作用。韩国对勤劳自立且懂得协作的农民予以高度认可，并将他们作为样板宣传，以带动其他农民的改变。对于表现懒惰的人群，还采取了惩罚政策，这带给其他农民以有效的警示作用。此举极大促进了农民的自觉性，提高了乡村的内生动力，并进一步带动了全国性村民组织的出现。同时，韩国政府也在文化教育方面非常重视乡村组织以及对人才的培养，强调以“勤勉、自助、协作”的精神来发展“新村运动”并使之上升为国家层面的精神运动。随着农民自愿互助运动的不断推进，农民在乡村建设中的自治能力得到不断提高，意愿也更加强烈，政府逐渐在政策和技术上成为引导者，这一方面方便了政府的治理，另一方面也提高了农民的素质。

第二，加强顶层设计。韩国开展的“新村运动”是一种有计划、分阶段的政策导向，是一场有韩国特色的乡村发展实践，有效促进了其国内农业现代化、工业化、城市化的同步推进。比如，韩国在面对乡村人口减少的状况时，及时地推行了工业反哺农业的措施，使机械化逐步取代传统农业生产方式，大大提升了农业机械化水平，还带动了农村现代化水平的提高。另外，韩国也在积极改变传统的乡村产业结构模式，在生态、乡村游方面探索新出路，在城乡产业上形成互补。实质上，在乡村市场机制不健全，农民自治组织发展不完善的背景下，政府的计划主导与政策推进尤为重要，能够比较显著地提升乡村治理水平，从而促进城乡协调发展。

二、全球欠发达板块城乡融合发展

全球化时代背景之下，全球任何一个板块在城乡关系处理方面取得的成就，抑或是总结的教训，都具有很强的借鉴意义。当前，我国仍然处于发展中国家的状态，因而，对发展中国家的城乡关系演变进行关注和研究，可以促使中国的城乡发展过程更加顺利。

（一）欠发达国家城乡发展现状

全球欠发达国家中，印度和巴西在国家发展的多方面与我国存在一定的相似性，因此，本书选取这两个国家为例，对欠发达国家城乡发展现状进行介绍和分析。发展中国家长期面临着城乡一体化带来的城乡差距加大、农村“空巢”及城市环境污染等多方面痼疾。同样为“金砖五国”，中国城乡一体化开始得相对较晚。巴西的城乡一体化开始得较早，但最终还是以失败告终；印度虽然在20世纪60年代启动城乡一体化建设，但也是由于经验不足和社会因素等造成了一系列严重问题。因此，在中国城乡一体化建设中，如何避免重蹈这些国家的覆辙是一个重要的问题。

1. 巴西："虚假的城镇化"及其引发的一系列问题

巴西国土面积为851.49万平方千米，人口为2.14亿人。巴西有丰富的自然资源和较为完整的工业基础，是世界第七大经济体。据世界银行数据库显示，巴西人均GDP在2021年达到7 518.8美元，是世界最有代表性的发展中国家之一，其2021年的基尼系数为0.521，是贫富差距非常悬殊的国家。

巴西19世纪末开启现代化进程，并取得了巨大的成就。根据世界银行数据库显示，巴西20世纪60年代的城镇化率便已经居于较高水平，1960年达到56%，这个水平与一些欧洲国家大体相当。到了1980年，巴西的城镇化率达到67.60%，比目前中国的城镇化率①还要高出2.88个百分点。截至目前，巴西城镇化率已经达到87.6%，比一些发达国家，如美国②、法国③、德国④还要高出不少。然而，巴西的城镇化进程为"虚假"的城镇化，过度的城镇化虽然在数字上提高了城市人口的比例，但是大量的贫民窟、基尼系数过大、农村发展滞后等多种痼疾完全在巴西这个"高城镇化率"的国家中体现了出来。

巴西的土地是完全的私有制，土地允许自由买卖。实际上，巴西的大部分农村土地掌握在大地主、大资本家手中，而且由于社会福利和公共设施的落后，农民一旦出现任何财政问题，只有卖出自己小块的土地来获得资金，自己便成了失地农民。特别是在巴西政府大力推进城市化建设的大背景下，巴西的大批农民因农地被征用及受到大地主、大资本家的多种挤压而被迫失地，最终全部涌入城市。然而，大量涌入城市的农民缺乏相应的就业技能，而且城市的容量有限，无法提供大量的就业岗位。因此，大批失地农民生活在城市与乡村的边缘地带，大规模的城市贫民窟不断形成。究其根本原因主要是由于巴西政府大力推进城镇化建设，大量扶持工业生产，并力求保证占人口大部分的城市居民的主要诉求，采取压低农产品价格的做法来扶持工业

① 2021年中国的城镇化率为64.72%。
② 2021年美国的城市化率为83%。
③ 2021年法国的城市化率为80.18%。
④ 2021年德国的城市化率为77.5%。

发展。“剪刀差”使农业生产增长困难，农村发展停滞不前，并使农民的生活异常艰难。即使政府重视大型农业公司或企业的处境，并出台较多对此方面倾斜的政策，但政府并没有照顾到农村的小农户的生活。此外，巴西农村的基础设施和公共资源较为落后，与城市的情况无法相比，这也导致农民处于绝对贫困的状态之中，一旦失地，就很有可能成为城市贫民窟中的一员。可以说，巴西的工业虽然在现代化进程中发展迅速，但机会成本是牺牲了农业的发展。片面追求工业化的发展并没有完全带动城镇化进程的加速，而是出现了工业化与城镇化建设的完全脱节。虽然巴西城镇化率已经非常高，但是过快且虚假的城镇化带来了诸多发展中国家面临的且挥之不去的问题，如环境问题、失业问题、城乡差距过大问题等。至今，仍有20%以上的巴西人口处于城市和郊区之间的贫民窟中，这是一个值得深思的问题。

2. 印度：匮乏的农村资源与不够全面的土地制度

印度国土面积（实际控制）为298万平方千米，人口为14.12亿人（2022年）。相比巴西，印度在社会发展上显得落后很多。印度没有完整的工业体系，工业基础较为薄弱，时常需要依靠进口技术转让。印度虽然近年来发展比较快，但是由于人口较多，人均GDP[①]较低，再加上种族、性别导致的社会等级等严重问题，导致印度是一个社会财富分配极不均衡的国家。总体而言，巴西和印度不但城乡差距比较大，过度的城市化建设和落后的农村发展形成了鲜明的对比；而且出现了大量的“城中村”和贫民窟。

印度与巴西情况相似，但不是虚假的城镇化，而是真正的城镇化建设得不成功。根据世界银行数据库显示，2022年印度的城镇化率仅为32%。1960年，印度的城镇化率为17.92%，而中国为19.75%，印度与中国的城镇化率相差不大；而2022年，印度的城镇化率已经被中国落下一大截，相差31.9个百分点，这是一个非常悬殊的差距，表明60余年来，中国的城镇化建设在稳步提升，而印度仍在低水平的城镇化建设中徘徊。

印度之所以会出现这样的情况，土地制度安排是一个重要的原因。印度由于历史原因，土地制度较为复杂。但总结起来，印度的地方实力极强，因此高度的土地私有制占据着土地制度的主体位置。印度在成立之初，85%的

① 2021年印度人均GDP为2 277.4美元。

土地被大地主控制，其中2%的大地主占有全国70%的土地；而全国所有农民拥有的土地不足15%，25%的农村人口甚至没有任何的土地。经过数次的改革，印度土地高度集中的现象在一定程度上得以缓解。然而，印度仍然是世界上土地集中度最高的国家之一。印度在20世纪60年代初，占农户总数10%的地主拥有全国56%的土地，其中1%的大地主拥有的土地量竟占到了全国土地的16%。随着60年代绿色革命的开展，拥有小块土地的小农因无法面对残酷而激烈的农业现代化竞争而不得不卖出自己的土地，这也造成了更多的无地农民的出现。1961—1971年，印度无地农民的人数增加了约1 900万人。由于印度宪法规定，公民在任何地方都有居住的权利，加上印度居民没有节制的高生育率，大量农村失地和失业人口涌入城市寻找生存机会。虽然印度政府也在尝试着用新的补贴政策、教育手段等限制大规模的人口流动，但效果似乎不大。根据印度2002年的统计数据，印度流动人口接近2.7亿人，占全国总人数的27.4%，其中1.9亿流动人口来自农村。大量的农村人口涌入城市，印度出现与巴西相似的状况，由于农村涌入城市人口没有工作技能且社会工作容量的接纳能力有限，印度出现了大量的贫民窟，印度也是拥有贫民窟数量和规模最多和最大的国家。此外，印度农村的公共设施和资源与城市也形成了鲜明的反差。虽然印度的城市工业发展速度有限，但相比之下，印度的农民生活更为困苦，城乡差距巨大。

（二）欠发达国家城乡融合发展特点

从巴西和印度两国城乡一体化建设的案例可以看出，发展中国家与发达国家城镇化进程的路径是不尽相同的。不顾本国的实际情况而盲目地推进工业化或城镇化，都可能陷于虚假城镇化或过度城镇化的困境，并为之付出巨大代价。纵观巴西和印度城乡一体化建设造成的一系列社会问题，可以得出以下几点教训。

第一，过度城市化会造成农业发展的萎缩。巴西过度的城市化最终的结果是“虚假”的城镇化。很显然，巴西84%的城镇化率和德国74%的城镇化率无论在质量上还是在“真实”程度上都不能同日而语。2009年巴西农村人口呈下降趋势，但这并没有使巴西农业生产率获得相应增长，如前所述，这根源在于巴西特殊的土地制度。在城市化进程中，农场主囤积土地并非为了耕种，而是出于囤积投机需要，其耕种产量不断降低；小农场的农业产值虽高但规模小，还有很多人放弃耕种。因此，在快速城市化的情况下，巴西的农业并未得到同等发展，一批失地、失业、无住房的贫困农民成为农村的不稳定因素。

第二，大中小城市发展不均衡，导致“大城市病”难题。巴西城市体系的结构特点是，圣保罗与里约热内卢人口规模呈爆炸式增长。1950 年，巴西第一大城市圣保罗的人口约为 250 万人，1980 年就达到 1 350 万人。同期，巴西第二大城市里约热内卢的人口由 290 万人增加到 1 070 万人。全国一半以上人口居住在 10 万人以上规模的城市中，其中 9 个大城市人口占全国人口的 29%。相比较而言，巴西的小城镇发展则显缓慢。20 世纪 70 年代巴西城市化率从 50%开始向上攀升，进入城市化中后期阶段，人口 100 万人以上的特大城市的数量从 4 个增加到 7 个，50 万到 100 万人的大城市数量从5 个增加到 7 个。而人口 2 万人以下的小城镇数量从 3 649 个降低为 3 495 个。大量人口扎堆大城市，造成垃圾处理困难和空气污染等各种“大城市病”。根据世界卫生组织公布的研究报告显示，巴西城市平均污染水平比可接受的污染标准高出 2 倍，空气品质恶劣全球排名第 44 位。其中，里约热内卢是巴西空气污染最严重地区。圣保罗也位列全球最污染城市前列，全市每天制造垃圾约为 2 万吨，75%的垃圾被填埋，13%暴露野外，9%用于植物堆肥，仅有 3%得到焚烧处理。

第三，人口增长过快很可能降低城镇化进程的速度。印度目前是世界人口第二大国，无节制的生育，特别是农村人口的无节制生育使农民的生存境况进一步恶化，大量失地农民形成了社会不稳定因素，这无疑会影响城镇化进程。据统计，2011 年印度城镇化率达到 31.2%，人口密度随人口的增多而加大，2011 年平均每平方千米的居民人数为 382 人，其中德里中央直辖区人口密度最大，达每平方千米 11 297 人。大量的城镇贫困人口、基础设施滞后、土地转移引起的矛盾与冲突成为制约印度城镇化发展进程的主要问题。

第四，农业基础设施的落后和公共资源向城市倾斜，会使农村发展陷入低水平的恶性循环中。与西方发达国家城乡基础设施和公共资源几乎无差异的情况相反，巴西和印度农村基础设施和公共资源的获得与城市相差甚远。

两国政府虽然都有意扭转这种态势并实施了相关政策，但差距仍然很大。如医疗和教育资源，前者关系着城市与农村居民健康水平和寿命问题，这直接影响着城市和农村的劳动生产率和发展速度；后者关系着未来人力资本的问题，这直接影响着城市和农村未来创新和知识存量的问题。如果这些资源的差异在不断扩大，那么可以想象，巴西和印度未来的城乡差距会进一步扩大，城乡融合发展也无从谈起。

第二节　国内城乡融合发展案例研究

自党的十六大提出统筹城乡发展战略以来，全国各地积极探索统筹路径，不断创新城乡发展一体化的体制机制，很多地方取得了显著的成效，积累了许多优秀的经验，为在全面建设社会主义现代化国家的新征程中进一步加快城乡发展一体化进程，提供了值得学习的样板。

（一）浙江新农村建设

浙江省地处我国东南沿海，位于长江三角洲地区，土地面积仅 10.55 万平方千米，是中国面积较小的省份之一。经过多年发展，浙江省实现了三大跨越——变资源小省为经济大省、变农业社会为工业社会、变基本温饱为总体小康，率先进入工业化中后期阶段。发展迅速的浙江，在工业化、城市化加速推进的同时，也首先遭遇了工农差距、城乡差距、地区差距、贫富差距扩大等问题，“三农”发展滞后的问题越来越突出。为此，浙江省以建设小康新农村为目标，进行了十余年的不懈探索，形成了以“千万工程”和“义乌模式”为典型代表的浙江模式。

1. 浙江推进城乡发展融合的举措及成效

在推进城镇化的道路上，浙江省属于不折不扣的先行者，取得的成效有目共睹。2002 年，自党的十六大召开以来，浙江省立足实际，启动统筹城乡发展方略，以率先建成惠及全省人民的小康社会的总目标，先后就统筹城乡发展、促进城乡一体化作出一系列部署。如今 20 年过去了，浙江省的城乡发展工作取得的成效已位居全国前列，初步形成城乡融合发展新格局，即逐步实现了新型工业化、新型城市化、新农村建设和农业现代化互促共进以及以城带乡和以工促农。

第一，大力推进“千万工程”，改善农村建设落后的面貌。多年来，浙江省始终将科学规划放在第一位，从根本上对城乡生产力、人口空间布局、统筹城乡基础设施和社区建设等进行优化。2003 年，针对农村建设明显落后于城市建设的状况，浙江省委牵头实施“千村示范、万村整治”工程，成功拉开美丽乡村建设序幕。其具体做法是，在全省范围内筛选符合标准的行政村 1 万个（占全省总村庄数量的 1/4），对其进行为期 5 年的生态环境改造建设，力争将其中 1 000 个中心村建设成“全面小康示范村”。10 多年来，浙江省的“千万工程”走出了一条由点到面，由浅及深，先局部后整体的整治道路。“千万工程”推进到哪里，相关配套就跟进到哪里，把康庄工程、联网公路、万里清水河道、农民饮用水、绿化示范村、农村土地综合治理、农村危旧房改造、农村电气化、现代商贸服务示范村、小康体育村等都结合在一起。2021 年浙江省实施乡村振兴战略取得显著成效：强势启动农业“双强”行动，农业基本盘更加稳固，全省粮食产量和播种面积均创近 6 年新高，良种覆盖率达 98%以上，农业劳动生产率提升到 4.6 万元/人；实施农业强链补链畅链，现代乡村产业高质高效发展，全省农林牧渔业产值达 3 579.2 亿元，比上年增长 2.35%，累计建成 10 亿元以上农业全产业链 80 条；全省域建设新时代美丽乡村，累计建成 A 级景区村庄 11 531 个，未来乡村共富单元高站位起步创建；深化“两进两回”，累计培育农创客 20 358 人，平均每名农创客带动 18 名农民就业，各类人才支持服务乡村格局基本形成……可以说，农村的面貌发生了历史性的变化，农村落后于城市的状况明显改善。

第二，大力调整产业结构，促进高效生态农业发展。浙江省通过推进城乡产业结构战略性调整，大力发展民营经济、县域经济、特色板块经济，大力发展生产性服务业、商贸服务业和生活型服务业，从而夯实城乡经济协调发展的基础，不断提高以工促农、以城带乡能力。

浙江省把发展高效生态的现代农业放在十分重要的位置，从农业资源紧缺和发挥比较优势的实际出发，以市场为导向，促进农业结构的调整。在高度重视粮食生产能力的同时，积极推进蔬菜、茶叶、果品、畜牧、水产养殖等十大主要产业的培育，目前这些农业主导产业的产值成为农业增效的重要支撑。同时，浙江省把农田园区化建设作为现代农业的基础工程，全面启动了粮食功能园区、现代农工示范区、精品农业园区建设，全面提高农田水利、标准渔港、标准鱼塘等基础设施建设水平。把培育现代农业经营主体作为增强现代农业活力的关键环节来抓，大力培育农业专业大户、家庭农场，积极发展以农民专业合作社和农业龙头企业为骨干的农业产业化经营服务。2021 年，浙江省农业现代化效果显现。高标准建设现代农业园区和粮食生产功能区。累计创建省级现代农业园区 79 个、建成验收特色农业强镇 109 个，严格保护好 810 万亩* 粮食生产功能区。农业“双强”行动强势开局，组建农业农村“三农九方”科技联盟，发布农业主导品种 122 个、主推技术 113 项，良种覆盖率 98%、比全国平均高 3 个百分点。浙江省高效生态农业发展生机勃勃，已成为农民增收的新亮点。

第三，大力推进基本公共服务全覆盖，缩小公共服务差距。基本公共服务是城乡居民最重要的民生保障，而农村的公共服务由于长期的二元结构却严重缺失和落后。为此，浙江省把推进城乡基本公共服务均等化作为城乡一体化的重点，切实加大财政投入，全面实施城乡基本公共服务均等化行动计划。

一是花大力气促进城乡教育的均衡化，完成两个“率先”——率先实现免费义务教育；率先普及 15 年基础教育（从学前三年至高中段）。2021 年年底，全省学前三年到高中段的 15 年教育普及率达 99%以上，其中高中段教育毛入学率为 98.7%，小学学龄儿童入学率和初中入学率均为 99.99%，巩固率均为 100%。

二是加紧解决农村缺医少药、农民看不起病的问题。当前，浙江省在“县、乡、村”三级公共卫生服务体系建设方面取得了不小进展，比如，公共卫生服务中心和中心村卫生室已经遍布全省，不少乡镇还创建了责任医生、村卫生室配合全科医生、基本药物统一配送等制度，此举基本消除了农民看病难、看病贵的问题。

三是普遍建立了新型农村养老保险制度。浙江省在实施最低生活保障制度上领先全国，截至 2022 年 12 月，在册低保对象共计 66.5 万人；同时还

---

* 1 亩=1/15 公顷。

建立了被征地农民基本生活保障制度，实现了应保尽保。

四是加强农村文化体育建设。为达目标，浙江省启动多项惠民政策，比如“新农村文化建设十项工程”“农民小康健身工程”。在这些政策监督下，浙江省内的行政村绝大多数设立了文化和体育场所，农民的文化生活因此得到极大丰富，很好地提升了农民的精神生活质量。

第四，大力推进全面创新创业，缩小城乡收入差距。浙江省着力推进全民创业，以创业促进就业，增加城乡居民收入、实现充分就业。鼓励城乡居民，特别是农民群众打破城乡分割和体制障碍，开展多领域、多形式的创业和创富活动，形成了“企业创大业、能人创新业、农户创家业、干部创事业”的良好氛围和“百万能人创业带动千万农民转产转业”的创业就业新格局。各地把农民持续增收的重点放在全面发展农村经济、大力扶持中小企业、鼓励农民进城创业就业上，整体推进城乡经济结构和劳动就业结构调整。依托县城和中心镇形成了以特色主导产业为支撑，大中小企业专业化分工、社会化细作的特色块状经济新格局，成为农民创业就业和增收致富的强大支撑。同时，劳动力就业格局的多元化为城乡统一的劳动力市场的形成打下了基础。2001 年，浙江开始实施城乡统筹就业试点，制定了城乡统一的劳动力资源管理制度，开始实行城乡劳动者平等就业的政策，并着手建立覆盖城乡的劳动力市场和职业培训体系。2004 年以来，通过实施“千万农民素质提升工程”等方式，提高农村劳动力的就业技能和创业能力；同时，积极改善农民进城就业环境，健全和完善城乡劳动和社会保障制度，利用市场机制合理配置城乡劳动力资源，逐步形成了统一、开放、竞争、有序、城乡一体化的劳动力市场。浙江省各地区还发挥当地优势，通过离土离乡、离土不离乡和开展家庭来料加工等多种形式来开辟和完善城乡统一的劳动力市场。

按照城乡一体化均衡发展的标准，城乡居民收入比值①应在 2 以内。2004 年，浙江省统筹城乡一体化之初，全年城镇居民人均可支配收入 14 546 元，农村居民人均可支配收入为 6 096 元，两者之比为 2.39∶1；2021 年，浙江省城镇常住居民人均可支配收入 68 487 元，农村常住居民人

---

① 城镇居民可支配收入和农村居民可支配收入之比。

均可支配收入 35 247 元，两者之比为 1.94∶1，这一数据表明，浙江省城乡一体化已实现均衡发展。

第五，大力推进“山海合作”，加快欠发达地区致富。自 1978 年我国实施改革开放至今 40 多年来，浙江省的经济发展始终居于全国前列，当然浙江省内部仍然存在贫富差距，比较落后的地区包括浙西南山区和舟山海岛等欠发达地区。据此，2001 年浙江省制定了一项重大战略举措——实施“山海协作工程”①，提出以项目合作为中心，以产业梯度转移和要素合理配置为主线，推进发达地区的产业向欠发达地区梯度转移，组织欠发达地区的人力资源向发达地区合理流动，动员发达地区支持欠发达地区新农村建设和社会事业发展，实现全省区域协调发展。如今，20 多年已然过去，“山海协作工程”仍在继续。该项工程已经取得了不小的成就。截至 2021 年浙江省累计推进实施山海协作产业项目 369 个、完成投资 460 亿元。2022 年上半年，浙江省发布《浙江省产业链山海协作行动计划》，进一步指出“山海协作工程”的目标方向，到 2023 年，协助山区 26 县招引重点产业链项目 100 个以上，培育新上规企业 500 家；到 2025 年，分别达到 200 个以上和 2 300 家。相信在相关政策指引下，“山海协奏曲”将会愈加动听。

2.“义乌模式”：浙江城乡发展一体化之典范

“义乌模式”是浙江省城乡融合发展中最具特色的以商兴农的典型。跨入 21 世纪以来，在“兴商建市”“贸工联动”的战略指引下，义乌市城区扩张工作有序展开，大批郊区农村被改造为城市，一大批农民身份转换为城市居民，城乡分割建设和差别发展的弊端日益显现，城乡联动和一体化发展的要求日益迫切。为解决这一系列的问题，义乌市于 2003 年 7 月制定实施了《义乌城乡一体化行动纲要》（以下简称为《纲要》），《纲要》以将义乌市建设成为国际性商贸城市为目标，对义乌市 1 105 平方千米市域进行整体性、一次性的规划，分成主城区、副城区、城郊区、远郊区，分别赋予不同的产业布局和功能，整合人口和产业布局，优化各种资源配置，缩小城乡差距，促进城乡一体化。该《纲要》在浙江省属于关于城乡一体化的第一批政策文件，义乌之举打响的是浙江城乡融合战役的一场漂亮仗。

---

① 该工程于 2002 年 4 月正式实施。

第一，“义乌模式”之历程和成效。义乌是浙江省所辖县级市，由浙江省金华市代管，地处金衢盆地中部，面积为 1 105.46 平方千米。义乌属我国最富裕的地区之一，是全球最大的小商品集散中心，被联合国、世界银行等国际权威机构确定为世界第一大市场。2021 年，义乌地区生产总值 1 730.16 亿元，荣登 2021 年中国 GDP 十强县榜单并排名第十。作为世界小商品的“天堂”，义乌市的市场大发展不仅为其经济发展带来了雄厚的资金积累，而且对城市化和城乡统筹发展也起到了决定性作用。

义乌统筹城乡发展大体经历了五个阶段：第一阶段——旧村改造阶段，持续时间为 20 世纪 90 年代中期到 21 世纪初；第二阶段——“小五化”阶段，持续时间为 21 世纪初到 2003 年；第三阶段——全面实施城乡一体化行动阶段，持续时间为 2003 年 7 月到 2006 年 4 月；第四阶段——全面兴起新农村建设热潮阶段，持续时间为 2006 年 4 月到 2008 年 8 月；第五阶段——统筹城乡综合改革配套攻坚阶段，持续时间为 2008 年 9 月至今。

义乌的小商品贸易发展有目共睹，这座城市因此充满了活力。义乌在开启城市化进程中，充分利用了其市场国际化、产业集群化、城市现代化的基础和优势，对城乡一体化发展之要求和规律进行了深层次的把握，坚持工商反哺农业和城市支持农村的方针，积极推进农业产业化，不断加大城乡基础设施建设力度，大力推动农村向社区、农民向市民、农业向企业转变，努力促进城乡融合、共享现代文明，取得了显著成效。

2014 年城镇常住居民人均可支配收入为 51 899 元，同比增长 10%；农村常住居民可支配收入为 46 100 元，同比增长 11.3%；城镇居民恩格尔系数为 24.6%，农村居民恩格尔系数为 33.0%。年末每百户城镇居民家庭汽车拥有量 40 辆。每百户农村居民家庭汽车拥有量 33 辆。城乡差距进一步缩小。

基于义乌统筹城乡发展的已有成就，2014 年 12 月，国家发展和改革委员会将义乌市列入国家新型城镇化综合试点。义乌启动国家新型城镇化综合试点的总体目标和主要任务是：基本建立农业转移人口市民化促进机制，全面落实户籍制度改革，基本形成农业转移人口市民化成本分担机制，到 2017 年，户籍人口综合参保率达到 98%，力争实现 30 万农业转移人口市民化；拓宽城市建设融资渠道，初步建立多元化可持续的城镇化投融资机制；

不断完善农村宅基地管理制度，城乡新社区集聚建设模式更加成熟，到2017年，完成20个城乡新社区集聚建设；常住人口城镇化率达到78%；领先国内行政管理体制改革，稳步推进大部门制探索，基本建成国际贸易便利化机制和城市综合行政执法机制，使特色领域改革取得实效，让义乌全域城市化、城市国际化、社会治理现代化和生态文明建设等取得明显工作成果，为全国同类地区改革探索提供新经验。为达到目标，义乌市在户籍制度改革和市民化公共服务配套上出"实招"，在基础设施投融资体制改革上出"巧招"，在农村土地制度三项改革和城市有机更新上出"新招"，在扁平化行政管理体制创新上出"硬招"，试点工作取得积极突破。义乌市做到了以下几点：①全面推进户籍制度改革；②健全与户籍制度改革相适应的教育服务体系；③构筑与户籍制度改革相配套的社会保险体系；④完善医疗卫生服务体系；⑤优化创业服务吸纳人才流入；⑥大力推广应用政府和社会资本合作模式；⑦积极拓宽市场化融资渠道；⑧规范完善政府性债务管理；⑨创新美丽乡村建设众创众筹机制；⑩依法科学统筹调度资金；⑪稳妥推进农村宅基地制度改革；⑫有序推进农村集体经营性建设用地入市改革；⑬积极推进农村土地征收制度改革；⑭推进城市有机更新和成片成片拆；⑮强力推进大部门制改革；⑯全面推进综合行政执法体制改革；⑰深化行政管理体制改革。

当前，义乌市的发展仍如火如荼。2021年，义乌全市实现地区生产总值1 730亿元，同比增长11.6%；全体居民人均可支配收入为77 468元，增长8.8%，连续多年位居全国县市首位。其中城镇常住居民人均可支配收入为86 628元，增长8.1%，农村常住居民人均可支配收入为46 121元，增长9.4%。城乡收入比为1.88∶1，继续稳步缩小。全体居民人均生活消费为44 405元，增长17.5%。城镇常住居民人均生活消费支出为49 281元，增长15.7%。农村常住居民人均消费支出为27 717元，增长24.8%。全市442个行政村经营性收入全部达到20万元以上，村集体经营性收入50万元以上的占比80%以上。年末每百户城镇居民家庭汽车拥有量为60.9辆。每百户农村居民家庭汽车拥有量为46.3辆。在农村基础设施方面，义乌市着力完善农村基础设施，加强村庄建筑风貌整治，提升公共服务水平，把新农村建设得更加美丽宜居。按照"以点带面、连线成片"的思路，开展"七个一"和美乡村建设提升行动。2021年全年新增一星样板村

25个、三星村22个，累计创建星级和美乡村379个，新增省级美丽乡村示范乡镇1个、特色精品村5个。深化“国企＋精品线”结对模式，完成精品线建设项目投资1.2亿元。“望道信仰＋人文上溪”和美乡村精品带获评全省首批共同富裕新时代美丽乡村示范带。

可见，多年来义乌在城乡发展方面取得的成效显而易见，其城乡融合发展前景甚佳。

第二，“义乌模式”主要特点。一是因势利导，扎实推进新农村建设。不同的村庄，无论是地理环境、历史背景、集体经济发展水平，还是农民自身的思想观念、收入水平等，都存在或多或少的差异。因此，推进新农村建设，务必要因势利导，扎实稳进，义乌市就很好地做到了这一点。针对村庄差异，义乌市主要以三种形式——旧村改造、村庄整理、异地奔小康来改造村庄、建设村庄，如此便实现了因村制宜、分类指导和分层次推进新农村建设。针对一些经济较为发达的村庄，主要依托“成熟一批、改造一批”的核心要求，采取高层公寓、水平房、垂直房等多种形式推进新农村建设，最终建立了多种社区模式，比如整合社区、组团型社区、独立型社区等。针对城郊区经济发展一般的村和城区、副城区中暂时无法实施旧村改造的村庄，主要采取村庄整治的方式，主要任务是抓好规划、地下管网建设、“小五化”和湖塘治理；针对公路沿线村庄，主要采取“穿衣戴帽”、拆危拆乱，从而促使环境整治上档次的方式。针对远郊区规划范围内村庄，主要采取异地奔小康工程的方式，按照“下山要小心，移民要移心”的要求，规划建设以水平房为主的异地奔小康安居小区。

二是加大资金投入，有效解决“三农”问题。着力改变农村面貌是统筹城乡发展的关键，改善农村基础设施建设是改变农村面貌的基础，因此，需要加大对农村基础设施的投入。义乌市政府深刻地意识到了这一点，于是按照“政府补助、市场运作、信贷扶持、农户自筹”的思路，多方筹措城乡一体化建设资金。从2002年起，市政府每年安排1亿元资金，各镇、街道每年配套1亿元资金，按季拨付，专项用于村庄整治建设。“工业反哺农业、城市支持农村”的关键，是公共财政向“三农”转移。义乌市的商业和工业发展如火如荼，义乌市把握住了这一点，及时颁布了“以商强农”的政策，用以驱策和引导工商业主“反哺”农业。与此同时，义乌市政府也加大了对

“三农”的资金投入，占财政总支出 1/3 以上，投入方向涵盖农村生产生活的很多个方面：农业产业化、农村交通、社保、教育、村庄整治、卫生、饮用水，等等。

三是加强配套改革，促进城乡发展一体化。长期形成的城乡二元结构是城乡发展一体化的根本障碍，义乌市以制度创新为突破口，着力在体制上逐步消除城乡差别，打破城乡二元结构，实现城乡协调发展。多年来，先后进行了统筹和深化征地、养老、医疗、就业等城乡一体化配套改革，加快推进社会主义新农村建设和城镇化建设。

随着义乌城市化的不断推进，涌现了一批失去土地的农民。为此，义乌市在 2003 年就出台了《被征地农民养老保障暂行办法》，把被征用土地后人均耕地不足 0.2 亩的农村人口全部纳入参保范围，市财政按每人 2.12 万元的标准将钱逐年纳入被征地农民养老保障基金财政专户，并列入年度财政专项预算。农民个人只需一次性缴纳 4 000 元，就可享受养老保险。

为了推进农村劳动力的顺利转移，义乌市还出台了《加快农村劳动力向二三产业转移的若干规定》，设立创造就业岗位奖，对使用本地农村劳动力达到用工总数 20%以上的各类工商企业实行奖励。同时实施村企结对制度，组织企业与农村结对。并通过大力开展“市场带百村、企业联万户”活动培育经纪人，积极扶持发展以“农家乐”为主的农村旅游服务业，开办“农家餐”，帮助农民增收。

第三，“义乌模式”主要经验。在推进城乡一体化的进程中，义乌市一直坚持从实际出发，将“国际商贸名城”作为发展方向，始终保持“以工哺农”“以商强农”“以城带乡”，开展“六个一体化工程”①，通过规划建设、产业发展、基础设施、社会事业、社会保障、生态环境等多方面共同发展，不断提升统筹城乡发展水平，并形成了具有义乌特色的示范价值。

一是以经济建设为核心，为城乡发展一体化夯实经济基础。在义乌的城乡发展过程中，“兴商建市”和“以商促工、贸工联动”的发展战略对其有重要的指导意义。于当下的义乌而言，兴建商品市场的目的，已不单纯是为

① “六个一体化”包括城乡规划一体化、城乡产业发展一体化、城乡市场体制一体化、城乡基础设施一体化、城乡公共服务一体化、城乡管理体制一体化。

了城市的发展，而是将农村建设考虑其中，为那些乡村民营中小企业提供政策支持和服务。可以说，商品市场的建立和发展，为民营中小企业注射了强心针，较好地解决了其在原材料采购、产品销售和获取市场信息上的不经济问题。

二是广泛吸收意见，做好城乡规划，并努力落地规划。科学的规划有助于城乡的科学发展，因此，有必要将规划作为龙头，义乌即是如此。2003年7月，义乌市在全国率先出台《义乌市城乡一体化行动纲要》，2006年，又出台了《义乌市新农村建设二十条》，义乌市城乡发展的征程由此紧锣密鼓地开始。如今，近20年已经过去了，义乌市在城乡建设方面也取得了不小的成就。2021年，义乌市印发了《义乌市农业农村发展“十四五”规划》，围绕农业农村发展，重点聚焦乡村产业、和美乡村、精品线串联、数字“三农”、乡村治理、强村富民、农村改革、人才建设等八个方面，可以说，“十四五”时期是义乌全面贯彻落实乡村振兴战略、加快农业农村一体化发展、实现城乡融合的重要战略发展时期。就以往义乌市政策落地的情况来看，义乌在“十四五”时期的城乡发展，一定还会交出一份令人满意的答卷。

三是市场、行政合而为一，共同发展。义乌发展的根本在于市场，统筹城乡发展仍然依托市场。市场与行政实现水乳交融，才能促进城乡关系的良好发展。这样说的原因在于，市场像是一双无形的手为义乌的城乡发展加油助力。首先，市场的更新换代可以推动城乡统筹发展，其次，第二、第三产业伴随市场的发展，也会不同程度地推动城乡统筹发展。义乌市在加快推进统筹城乡发展中，充分发挥政府职能，对城乡发展进行了统一谋划，科学制定了城乡一体化发展的整体规划，提出了城乡改革、开放和发展的重大思路和具体办法。在尊重市场资源配置基础性作用同时，按照统筹城乡发展的要求，加大了向农村基础产业、弱势领域、公共服务和民生事业投入的力度。

四是深化改革创新，成效有目共睹。统筹城乡发展过程中，最大的障碍便是城乡二元结构。义乌市很早便从制度先行，破除城乡二元体制结构，使城乡关系发生根本性的改变、实现城乡一体化的同时，促进了城乡的统筹发展。义乌用实践证明，必须牢固树立改革意识，敢闯敢试，勇于创新，着力破解各种制度性、政策性障碍，加大农村各项事业改革力度，着力打破城乡发展界限，促进城乡经济社会发展一体化格局的出现和发展。探索实施农村公共基础设施物业化管理新模式，提高农村公共资源使用效益，初步构建市、镇、村、户四级联动的农村基础设施管理体系，实现农村基础设施从建设到建设运营管理并重转变，走在了全省乃至全国的前列。

五是以民为贵，尊重民意。在统筹城乡发展的过程中，农民是最直接的参与者，也是最大的受益者，是一股决定性的力量，因此，以民为贵，尊重民意，是非常重要的。具体实践中，要让农民学会自我管理、自我服务和自我决策，而且要让农民在这一过程中实现收入的增长，实打实获益。义乌市在推进统筹城乡发展过程中，坚持强市与富民的统一，在推进商贸服务业、城镇化、产业化中注意富民和强民，不断拓宽农民的致富渠道，促使农民生活更上一层楼，从而加快城乡一体化的步伐。义乌市的这一做法，充分地调动了农民参与的积极性，促使农民成为统筹城乡发展的生力军。义乌用实践证明，做好农民的引导和保护工作，能从根本上提高农民的能动性和创造力，令他们更好地参与到统筹城乡发展的工作中，如此一来，城乡一体化才能更加顺利地推进。

（二）上海："全球城市"战略愿景下的城乡一体化发展

上海城乡发展起步较早，当前已形成具有国际大都市特色的城乡统筹规划模式。

1. 上海城乡发展一体化进程与成效

上海的城乡一体化进程在 20 世纪 80 年代中期开启，经过了近 40 年的发展，已经取得了不错的成绩。

第一，上海市城乡发展进程。回顾上海历史城镇规划与城镇化发展路径，以 2010 年为分水岭，上海城镇化建设可分为两个阶段，第一阶段注重推进城镇化水平，第二阶段向提高城镇化质量的方向转型。一方面解决传统城镇化发展过程中出现的中心城区与郊县农村城镇发展不平衡、部分城镇功能定位模糊等问题；另一方面提升区域一体化水平，突出上海对长三角城市群的引领作用。总体来看，上海市的城乡发展进程可大体分为如下六个阶段：

第一阶段：城乡一体化发展的初步探索（20 世纪 80 年代）

上海是我国城乡一体化发展过程中的先行者，早在 1984 年，上海便制定了城市经济发展战略，这在当时的中国是前所未有的第一个。同时，上海还创新性地提出了“城乡通开”“城乡一体”的发展理念。1986 年，上海颁布“一二三四”工作方针：加快城乡一体化建设，坚持两个立足点①，促进三业协调发展，建设四个基地②。此方针下，城乡封闭的体制逐渐被打破。

第二阶段：城乡一体化发展的积极推进（20 世纪 90 年代）

时代发展的洪流中，乡镇企业的发展也水涨船高，得到迅速的扩张和发展，随之而来的，是在深度和广度上带动城乡经济发展的历史性的变化，城乡之间的要素流动愈加迅速。这一时期，上海陆续出台“三个集中”“市区要体现繁荣繁华，郊区要体现实力水平”“农业定位于都市农业，农村定位于郊区，农民定位于现代农业劳动者”等方针，促进了城乡功能定位的进一步优化。此后，上海中心城区的发展速度疾如雷电，而郊区农村的发展却望尘莫及，从而导致城乡在基础设施建设方面呈现巨大差异。

第三阶段：城乡一体化发展的全面加速（21 世纪前 10 年）

2002 年，上海第一次召开郊区工作会议；2005 年，上海市提出“规划布局合理、经济实力增强、人居环境良好、人文素质提高、民主法治加强”的社会主义新郊区建设目标；2009 年，上海市委提出农村改革发展的实施意见……21 世纪的前 10 年中，随着有关政策的推出施行，加之各级政府监督引导以及财政投入等的力度加大，上海郊区发展迈出了崭新的一步，获得了不错的发展。然而，不容忽视的是，上海城区的发展是日新月异的，随之而来的是城乡收入的巨大差异，因而，从根本上来讲，上海郊区的基础设施建设乃至社会事业的发展落后于城区，还未得到根本性的改变。

第四阶段：建立体制机制的决胜阶段（2011—2015 年）

2011 年出台的《上海市推进城乡一体化发展“十二五”规划》，明确提出了要以深化城乡体制机制改革创新为突破口，以“增收”“投入”“放权”为主要抓手，坚持新型城市化和新农村建设双轮驱动，突破城乡资源要素自

---

① 农民口粮立足自给，城市主要副食品供应立足郊区。

② 大工业扩散基地、副食品生产基地、外贸出口基地、科研中试基地。

由流动的制度性障碍，推进建立城乡一体的资源配置、优势互补的发展机制。2013 年和 2014 年分别出台的《上海市推进城乡一体化发展三年行动计划（2013—2015 年）》和《关于推动新型城镇化建设促进本市城乡一体化的若干意见》，都进一步围绕基本形成城乡一体的公共资源统筹共享机制方面给出了新的政策举措。被喻为“上海城乡发展一体化路线图”的《中共上海市委、上海市人民政府关于推进新型城镇化建设促进本市城乡发展一体化的若干意见》（以下简称《若干意见》）2015 年正式出台。而且经过系统深入的调研，形成了“1”和“21”的政策文件体系，“1”即《若干意见》，是指导今后一个时期本市城乡发展一体化工作的总体性文件；“21”是指围绕《若干意见》已出台和即将出台的 21 项配套性政策文件，涵盖了深化完善镇村规划体系、加快农业结构调整、强化农村生态环境整治、加强郊区农村基础设施建设、促进基本公共服务均等化等 8 个领域。据悉，随着配套政策的陆续出台正在加紧实施。

第五阶段：基本建成“四个中心”和社会主义现代化国际大都市的冲刺阶段（2016—2020 年）

“十三五”时期，是上海的冲刺期和关键期。这期间，上海承担着基本建成“四个中心”和社会主义现代化国际大都市、在更高水平上全面建成小康社会奋斗目标的重大任务。2016 年，上海制定了《上海市城乡建设和管理“十三五”规划》，指出到 2020 年，上海市要显著提高城乡建设和管理绿色化、精细化、智能化、法治化水平，城市综合管理体系和城乡基础设施体系进一步完善，城市综合竞争力进一步增强，努力建设安全、整洁、有序、高效、法治的现代化国际大都市，让全市人民生活更美好。“十三五”期间，上海牢牢把握住了发展的机遇，将城乡一体化发展推向了崭新的高度。首先，上海借助国家新型城镇化战略之机遇，以新型城镇化之机遇助力城乡一体化发展。上海作为一座国际化的大都市，竭力促进城镇化质量的提升，是其新型城镇化建设的重中之重。主要做法是，加快城乡基础设施互联互通，健全覆盖城乡的基本公共服务体系，与城乡发展一体化协同推进，不断缩小城乡发展差距。其次，上海在城乡一体化工作的整体设计、配套政策、措施落地等方面取得实效。2015 年，上海市出台了一个关于城乡发展一体化工作的总体性文件——《关于推动新型城镇化建设促进本市城乡发展一体化的若干意见》。按照该意见，上海市有关部门和各地区明确了责任分工和工作要点，促进了城乡一体化各项工作的持续、有效开展。最后，上海依据城乡一体化工作推进机制，以条块协同形成工作合力。当下，城乡发展一体化工作已被纳入政府系统运行目标管理，建立了市政府常务会议定期审议、分管市领导牵头召开工作例会的协调推进机制，有关地区和市相关部门按照目标管理要求，采取项目化的管理方式，工作进程可跟踪、工作成效可检查，条块联动、统筹协同的城乡发展一体化工作合力已逐步形成。

第六阶段：完善城乡社区服务体系建设（2021—2025 年末）

“十四五”时期上海市城乡社区服务体系建设的主要任务有七个：一是完善党建引领城乡社区服务格局。具体内容是：①健全党建引领机制；②完善多方参与格局。二是扩大城乡社区服务有效供给。具体内容是：①优化社区公共服务；②加强社区志愿与公益服务；③强化社区便民服务。三是加强城乡社区服务设施建设。具体内容是：①加强社区综合服务设施建设；②加快新型社区服务基础设施建设。四是优化城乡社区服务布局。具体内容是：①推进 15 分钟社区生活圈建设；②实现社区服务精准定位；③加强长三角地区社区服务功能衔接。五是完善城乡社区服务机制。具体内容是：①健全社区服务民主协商机制；②强化社区居民自我服务机制；③优化社会力量引入和培育机制；④深化社区服务供需配置机制；⑤规范政府购买服务机制；⑥完善社区应急响应机制。六是加快推进城乡社区服务数字化转型。具体内容是：①提升数字化服务效能；②加快“社区云”平台建设和应用；③构筑美好生活数字服务场景。七是加强城乡社区服务人才队伍建设。具体内容是：①持续加强社区服务能力建设；②持续拓展社区服务人才发展空间。相信以上海这座国际大都市的实力，城乡社区服务体系建设届时一定会交出一份满意的答卷。

第二，上海市城乡发展一体化成效。上海市城乡发展一体化的成效，可参考“十二五”期末和“十三五”期末上海市国民经济和社会发展统计公报的具体数据。

一是经济实力不断增强，农民收入大幅增加。“十二五”期末即 2015 年，上海市生产总值达到 24 964.99 亿元，按可比价格计算，比上年增长 6.9%，按常住人口计算人均 GDP 达到 10.31 万元，首次突破 10 万元人民币大关。上海GDP总量和人均GDP增速，反映了上海经济增速稳步换挡，综合实力继续增强。“十二五”时期，上海全市生产总值年均增长7.5%，人均生产总值突破10万元；地方财政收入比“十一五”期末增长92.1%，年均增长13.9%；商品销售总额突破9万亿元，年均增长13.9%。城市居民家庭人均可支配收入为47 710元，同比增长8.8%；人均消费支出为30 520元，同比增长8.4%。而上海农村居民家庭人均可支配收入为21 192元，同比增长10.3%，快于城市居民家庭人均可支配收入增长近2个百分点。“十三五”期末即2020年，上海市全年实现生产总值38 700.58亿元，比上年增长1.7%。城镇常住居民人均可支配收入76 437元，增长3.8%；农村常住居民人均可支配收入34 911元，增长了5.2%。城镇常住居民人均消费支出44 839元，下降了7.1%；农村常住居民人均消费支出22 095元，下降了1.6%。

二是产业布局不断优化，现代农业蓬勃发展。上海市中心城区和郊区的产业分工格局已经十分清晰。2015年上海全年战略性新兴产业增加值3 746.02亿元，比上年增长4.5%。全年全市实现农业总产值287.84亿元，比上年下降了12.7%。至2015年年末，上海市累计建成设施粮田面积86.53千公顷，建成市级蔬菜标准园、标准化畜禽养殖场、标准化水产养殖场数目分别为150家、317家和270家。全市农业产业化龙头企业、农民专业合作社、经农业主管部门认定的粮食家庭农场分别为387家、6 302家和3 555个。2020年，上海全年战略性新兴产业增加值7 327.58亿元，比上年增长了9.2%。全年全市实现农业总产值272.01亿元，比上年下降了7.1%。全年全市农作物播种面积25.78万公顷，比上年减少了2.5%。全市累计建成高标准农田面积11.41万公顷；累计创建市级蔬菜标准园、纳入统计范围的农民专业合作社分别为223家和2 506家；各类农业产业化重点龙头企业365家；经农业农村部门认定的家庭农场3 965家。

三是就业保障制度日益完善，城乡覆盖基本形成。城乡一体的劳动就业服务体系初步形成，农村居民和城镇居民享有一样的就业政策和就业服务。农村社会保障水平不断提高，基本建成覆盖广，分类施保的农村社会保障体系。2015年全年新增就业岗位59.66万个，其中，农村富余劳动力实现非农就业10.33万个。全年共完成职业培训51万人次，其中，农民工职业培训 24.55 万人。2021 年全年城镇新增就业岗位 63.51 万个，全年新安置就业困难人员 78 231 人，新消除零就业家庭 164 户。全年帮扶引领成功创业 12 787 人，其中，青年大学生 9 807 人；帮助 10 092 名长期失业青年实现就业创业。全年共完成补贴性职业培训 118.85 万人次。其中，农民工补贴性职业培训 51.78 万人次。高技能人才占技能劳动者比例达到 35.34%。

四是社会事业布局逐步健全，资源配置向郊区倾斜。上海以均衡城乡教育发展、改善农村卫生医疗条件为重点，综合运用财政扶持、政策引导等手段，使城乡基本公共服务体系初步形成。城市教育费附加进一步向农村倾斜，农村居民平均受教育年限达到 11.81 年。至 2015 年年末，全市共有 1 493.80 万人参加城镇职工基本养老保险，有 89.77 万人参加城乡居民基本养老保险。城乡低保标准实现统一，均提升至 790 元。2020 年年末，上海市共有 1 616.67 万人参加城镇职工基本养老保险，有 76.19 万人参加城乡居民基本养老保险。全市共有 1 588.41 万人参加职工基本医疗保险，有 355.99 万人参加城乡居民基本医疗保险。最低生活保障标准每人每月1 240 元。

以上数据中，不少数据呈现下降趋势，这和 2020 年初开始肆虐中国的新冠疫情不无关系，新冠疫情对上海的发展影响是显而易见的。因此对上海市发展情况的判断，需要全面综合考量，不能单看数据升降趋势来一概而论。

2. 上海城乡发展一体化新格局

根据《2021 年新型城镇化和城乡融合发展重点任务》要求，现阶段新型城镇化和城乡融合发展的重点任务包括六个方面：一是促进农业转移人口有序有效融入城市；二是提升城市群和都市圈承载能力；三是促进大中小城市和小城镇协调发展；四是加快建设现代化城市；五是提升城市治理水平；六是加快推进城乡融合发展。

“十四五”期间，上海市域空间新格局[①]是新型城镇化高质量发展面临

① 上海市域空间新格局为中心辐射、两翼齐飞、新城发力、南北转型。“中心辐射”是指加快提升主城区的服务能级和辐射功能；“两翼齐飞”是指依托上海自贸试验区临港新片区、长三角一体化示范区、虹桥商务区、张江科学城等战略平台，发挥对内对外开放枢纽作用；“新城发力”是指大力推进嘉定、松江、青浦、奉贤、南汇等五个新城建设；“南北转型”是指推动金山、宝山南北两极的加快转型升级。

的最大的新环境和新要求，对其进行剖析可以看到，“新城发力”与城镇化之间的关系最为密切，可理解为是长三角一体化推动下的势在必行，是新时期发展下的新苗头、新变革，表明上海新型城镇化高质量发展的落脚点是郊区的建设。

市域空间新格局下上海新型城镇化发展面临的新形势与新要求主要包括两方面：一是提升区域协同，以城市群承载国家战略；二是推进城乡一体，增强郊区内生独立性。不可忽略的是，位于上海市域临界区域的新市镇同样承担着区际服务功能，同时新市镇作为城乡基本统筹单元，是连城带乡的关键节点。

基于上海城市规划演变，借鉴国际城市城镇化建设经验，可以看出，无论国内国外，城镇体系是解决城镇化发展过程中遇到问题的重要抓手，上海在不同发展阶段通过调节城镇体系各层级的功能定位和资源倾斜力度推进城镇化发展。目前上海基本形成了稳定的“主城区—新城—新市镇—乡村”四级结构，但城市建设多聚焦在主城区、新城层面。

在上海市域空间新格局背景下，上海新市镇建设面临着推动长三角城市群协同一体化、做强郊区城镇独立性、落实城乡统筹的新要求，同时新市镇的内生发展也呈现出新诉求。因此，在以上海为核心、多个城市紧密联系的长三角城市群中和上海主城区—新城—新市镇—乡村四级城乡体系中，如何明确新市镇的定位，发挥出应有的疏散、解压和集聚、辐射功能，对于优化上海市域空间新格局、提升上海城镇化质量具有重要意义。

从《上海市城市总体规划（2017—2035 年）》对新市镇的规划可以看出，未来上海将以新市镇为重要引擎之一，促进区域协同和城乡统筹发展。新市镇的核心功能和使命是强化郊区节点功能，在更大范围实现功能和服务统筹，具体可拆分成三点：一是对内对外的要素衔接，二是相对独立发展，三是特色多元发展。考虑到现有规划中新市镇数量较多，重点不突出，在资源有限的情况下，对原来规划体系中确定的 61 个新市镇可以适当调整，无需大面积铺开并赋予绝大部分建制镇以新市镇的政策内涵，重点着眼于各郊区政府的战略部署，选定若干产业集聚能力强、人口增长较快的镇，作为真正意义上的新市镇。从基于区位特色对新市镇重新分类定位、加强资源要素规划引导、提升政策机制保障力度三方面梳理新市镇规划与发展的架构思路。

在发展目标方面，新市镇规划与发展的目标可以分解成三类：一是功能上疏解、辐射、服务，处在不同区位的新市镇承担着不同的功能。二是定位上因地制宜，新市镇发展必须结合当地特色挖掘自身优势，塑造特色建筑风貌与产业体系。三是环境上生态宜居，新市镇临近生态间隔带与近郊绿环，有着良好的生态环境优势，必须走新型城镇化发展道路，形成独具魅力的绿色发展生态圈。

在指标体系方面，除人口和用地等基础指标外，新市镇发展主要通过对交通、产业、生态、文化、公共服务五个方面指标的约束和引导，聚焦解决功能结构不匹配、空间结构不整合、设施建设相对滞后、特色不鲜明等关键性问题。

综合考虑区域空间关系、人口规模、产业水平、区域中心度等要素，将上海新市镇分为四类：①城郊卫星型：中心城外围或新城周边5～10千米范围内的新市镇。②片区中心型：已有较好的规模和发展基础，人口规模大、产业功能较强、区域中心度较高的新市镇。③门户型：区域边界紧邻江苏、浙江的新市镇，对带动长三角一体化发展具有重要意义的节点。④特色型：位于交通节点或具备特色资源的新市镇。

（三）成渝模式："以城带乡"及"异地转移"

成都和重庆这两个城市同处于四川盆地，均有着现代化城市与落后的农村并存的特点，是典型的大城市带大农村，城乡二元结构矛盾突出，城乡差距较大。2007年6月，重庆和成都同时被国家确定为统筹城乡综合配套改革实验区。自此，一场统筹城乡发展、平衡城乡利益、重建社会结构的变革开始了破冰之旅。总体而言，"以城带乡"和"异地转移"，分别是成都和重庆城乡发展一体化的主要模式。这与两个城市的地形地势、农业发展基础和工业现状以及成都"双核共兴、一城多市"和重庆"一圈两翼"的发展战略密切相关。

1. 成都城乡发展一体化的三个阶段

成都是四川省的省会城市，坐落在中国西南地区，自古有"天府之国"的美誉。截至2021年年底，全市下辖12个市辖区、3个县、代管5个县级市，总面积 14 335 平方千米。成都市常住人口有两千多万人，是典型的“大城市带大农村”城市，平原、丘区、山区各占 1/3，中心城区、近郊和远郊的经济社会发展水平差异明显。

第一，起步阶段：“三个集中”。在发展城乡一体化的过程中，成都市实现了“三个集中”——工业向集中发展区集中，农民向城镇和农村新型社区集中，土地向适度规模经营集中。以此为助力，成都市成功步入新型工业化、新型城镇化、农业现代化和信息化轨道。在这一过程中，成都市将开发区整合成工业集中发展区，充分优化了该市的工业化布局，促成了集约、集群式工业化发展之路的形成，有效带动了城镇和第二、第三产业发展，成功实现了农村富余劳动力向城镇的转移；规划了“双核共兴”“一城多市”和数千个农村新型社区构成的城乡体系，吸引农民从农村向农村新型社区和城镇转移，为土地规模经营创造了条件；以依法、自愿、有偿为前提，稳步推进土地向农业龙头企业、农村集体经营组织、农民专业合作经济组织和种植大户集中，土地向适度规模经营集中，集中力量促进特色优势产业发展，从而转变农业生产方式。通过“三个集中”，不仅有力地促进了城乡同发展共繁荣，而且也有利于资源节约和环境友好，从而较好地避免了传统城镇化的弊端。

第二，全面推进阶段：“六个一体化”。在顺应“四化联动”内在规律、以“三个集中”为核心构建新型城乡形态的同时，成都市努力构建城乡发展一体化的体制机制，以“六个一体化”全面推进城乡一体化发展。

一是城乡规划一体化。在统筹城乡发展的过程中，成都市始终将科学规划当做基础和准则，以“城乡规划”为纲，将广大农村纳入城市总体规划、土地利用规划、产业发展等各项规划范畴，形成城乡统筹、相互衔接、全面覆盖的“全域成都”规划体系和监督执行体系。

二是基础设施一体化。在城乡基础设施统筹建设方面，成都市构建了城乡基础设施统一规划、一体推进的机制，建成了网络化城乡交通体系，促进了市政公用设施向农村覆盖，实现了生态环境建设一体化、城乡信息服务一体化。

三是市场体制一体化。成都市以“政府引导、市场化运作”为抓手，组建了市县两级现代农业发展投资公司、小城镇建设投资公司和市级现代农业物流业投资公司，建立起了政府引导、市场运作的投融资平台。

四是产业发展一体化。成都市在城乡一体化发展中，竭力秉持“三个集中”和四化联动，充分促成了中心城市对农村的辐射带动作用，初步建立了城乡三次产业互补互动的发展机制。

五是管理体制一体化。为了适应城乡一体化的发展，成都市经职能整合和归并后建立起大部门管理体制，使各部门各司其职，相互协调，更好地为城乡发展服务。另外，为了方便城乡居民的自由迁徙，成都市推行城乡一元化管理，消除户籍背后的权利和福利差异。

六是公共服务一体化。为推动城乡公共资源在就业、社保、教育、卫生、文化等方面的均衡配置，成都市建立起城乡一体的公共服务体制和经费筹集、财政投入机制。过去的十几年中，成都市先后在城乡居民基本医疗保险、城乡居民医疗保障标准、城乡居民养老保险等的开办和实施方面做出改革，充分推动了城乡公共服务一体化。这一过程中，成都市政府不断将公共投入向农村倾斜，大力促使城乡公共服务均衡发展，在教育、就业、卫生、文化和社会救助等公共产品服务领域形成了一套城乡一体的体制机制。

第三，攻坚阶段：“四大基础工程”。农村“四大基础工程”——基层治理、产权制度改革、土地综合整治、村级公共服务和社会管理改革，是全面深入推进城乡一体化的核心工作，可以让城乡居民享有同等的发展权利和发展机会。为此，成都市在“三个集中”和“六个一体化”初见成效的同时，开始大力推进农村“四大基础工程”建设。

首先，构建新型村级治理机制方面。以建立村民议事会制度为突破口，以加强农村党组织的领导，完善农村公共服务、社会管理体系和集体经济组织运行机制，以分离决策权与执行权、社会职能与经济职能、政府职能与自治职能等为原则，构建党组织领导、村民（代表）会议或议事会决策、村委会执行、其他经济社会组织广泛参与的、充满生机和活力的村级治理机制。从实践上看，新型村级治理机制厘清了村民自治组织架构的权力关系，赋予了农村党员群众广泛、经常、直接参与议事决策的权力，使权力逻辑符合民主原理，从而保障了村民治理机制运行顺畅，调动了农民的积极性和自主意识，加快了基层民主建设步伐，对新农村建设发挥了积极作用。

其次，农村产权制度改革方面。2008 年 1 月，成都启动农村产权制度改革，以“还权赋能”为核心，建立健全“归属清晰、权责明确、保护严格、流转顺畅”的现代农村产权制度。把集体经济组织和农村土地、房屋权属明确化、人格化，把“二元”产权制度按照社会主义市场经济的要求进行改革创新，真正建立一套市场经济的体制机制，切实推动农村资产资本化。要求“据实测量、应确尽确、据实确权”，做到“五个一致”，即土地、台账、证书、合同、耕保基金一致。同时建立耕地保护补偿机制，健全农村产权交易机制，保证有序流转。加快农村市场化进程，推动生产要素在城乡之间自由流动。通过农村产权制度改革，进一步明确了农村产权权属，初步建立起了现代农村产权制度，农民的权益得到了有效维护和保障。同时，通过建立健全耕地保护补偿机制，耕地得到了严格保护。

再次，农村土地综合整治方面。2009 年 7 月成都市全面启动农村土地综合整治工程，目的是对散乱、废弃、闲置的建设用地、宅基地进行整理复垦，对基础设施、公共设施、农民旧房、新居建设等进行统筹规划建设，加快农村基础设施、公共设施的建设，改善农民生产生活条件，促进土地节约集约利用。要求做到“五个结合”：与改善农村生产条件相结合，提高农业综合生产力；与推进农业产业化相结合，发展龙头企业和规模化经营；与促进农民集中居住相结合，建设中心村、镇；与发展壮大集体经济组织相结合，新增耕地、部分建设用地留给集体经济组织；与农民增收相结合，实现农民多元化增收。通过土地综合整治，改善了农业生产条件，促进了农业生产现代化；改善了农村生活环境，促进了新农村建设；增加了农民收入，促进了农民生产生活方式转变，拉动了农村的投资消费，推进了农村的市场化和民主化进程。

最后，村级公共服务和社会管理改革方面。2008 年 11 月成都市出台了《关于深化城乡统筹进一步提高村级公共服务和社会管理水平的意见（试行）》（以下简称《意见》），《意见》指出，要着力加强“五大机制”建设，即分类供给机制建设、经费保障机制建设、设施统筹机制建设、民主管理机制建设、人才队伍机制建设。同时，将村级公共服务和社会管理的目标责任作了细分，划分为 7 个大类[①]涵盖 59 个具体项目；对政府、村级自治组织、

① 文体、教育、医疗卫生、就业和社会保障、农村基础设施和环境建设、农业生产服务和社会管理。

市场的分类供给内容、供给方式等作了细化界定。藉此，成都市建立了稳定增长的财政投入机制以及群众广泛参与的民主管理机制。通过改革，成都市农村公共服务和社会管理水平获得了质的提升，初步实现了“四个有”[①] 的目标任务。

在农村工作“四大基础工程”取得初步成效的基础上，2010 年初，成都市委、市政府及时总结经验，就深化农村工作“四大基础工程”提出了具体的意见。特别强调要强化统筹推进，即在准确把握“四大基础工程”有机联系和内在规律的基础上，通盘考虑，系统规划，整合资源、资金、项目、政策，集中力量，集成推进，努力实现农村工作“四大基础工程”的综合效益。各区（市）县要建立强有力的统筹协调机制，及时协调解决推进过程中遇到的问题；强化上下协调联动、整体推进的工作机制。几年来，成都市“四大基础工程”快速协调推进，成效显著。

2. 重庆城乡发展一体化的制度创新

自重庆市 2007 年被国家确定为统筹城乡综合配套改革试验区以来，城乡居民收入水平大幅度提高，城乡差距显著缩小。2014 年，重庆市城镇常住居民人均可支配收入 25 147 元；农村常住居民人均可支配收入9 490 元。城乡收入差距由 2007 年的 3.59∶1 降至 2014 年的 2.65∶1，城乡统筹取得实质性进展。回顾重庆城乡统筹发展的实践，其经验主要在于四大制度创新：建立新型的城乡开放模式；实施“大蛋糕与大比例”的总量与结构调整战略；建立“四位一体”的统筹制度框架；实施生态移民政策，等等。正是这些制度创新，有力地破除了城乡二元结构，从根本上解决了城乡发展不平衡难题。

第一，实施开发开放战略，力促城乡走心融合。重庆市把“开放”放在重要位置，瞄准城乡统筹与开放经济在产业、贸易和资本等方面的结合点，实现城乡捆绑式开放。一是通过城乡产业开放，合理进行城乡产业布局，打造贯穿城市与农村的产业链，促进城乡之间共同受益、相互制衡的利益纽带形成。二是通过城乡贸易开放，打通城乡间的双向“贸易高速公路”，通过

① 有一套适应农民生产生活居住方式转变要求、城乡统筹的基本公共服务和社会管理标准体系；有一个保障有力、满足运转需要的公共财政投入保障机制；有一个民主评议、民主决策、民主监督公共服务的管理机制；有一支协同配合、管理有序、服务有力的村级公共服务和社会管理队伍。

平等的市场交换使城市与农村之间建立了相互依赖关系。三是通过城乡资本开放，建立向农村倾斜的利益引导机制，着力促进城市工商资本和人力资本下乡，建立城乡一体化的要素市场。

第二，实施“大蛋糕与大比例”的总量与结构调整战略，平等城乡分配关系。重庆市积极实施“大蛋糕与大比例”战略，这里的“大蛋糕”指的是国民经济，“大比例”指的是将经济发展的成果大额度向乡村分配，以更好地促进城乡发展。2007 年以来，重庆财政支出严格按照市与区县 25∶75 分配格局，坚持分类扶持，强化激励约束，增强城乡、区域发展的协调性。

第三，创新“四位一体”的城乡统筹制度框架，建立城乡公平的长效机制。城乡间的制度不平等是城乡差距大和经济社会发展不协调的重要原因。为此，重庆市创新了土地制度、养老保险制度、户籍制度和文教制度这“四位一体”的城乡统筹制度框架，以便形成城乡公平发展的长效机制。一是创新了地票交易与土地流转模式，优化城乡土地资源的配置。二是建立城乡全覆盖的养老保险制度，实现农民和市民基本保障上的平等。三是全面推进户籍制度改革，消除农民工的身份歧视和待遇不公。四是建立城乡统筹的教育与文化体制，平衡城乡的文教事业发展。实践证明，通过建立“四位一体”的统筹制度框架，对推进城乡发展一体化起到了至关重要的作用。

第四，实施生态移民政策，从根本上解决农村致富难题。生态移民既是一项重大的民生工程，也是从根本上解决贫困问题和缩小城乡差距的战略决策。重庆市山地连绵，沟壑纵横，特别是秦巴山、武陵山两大贫困山区属于高寒偏远地区，生产生活条件恶劣。2013 年初，重庆市做出了加快推进高山生态扶贫搬迁的决定，针对居住于深山峡谷、高寒偏远地的贫困户，或居住地属重要生态修复保护区，根据规划必须搬迁的农户，或居住地的水、电、路、通信等基础条件难以完善、建设投资大且效益不好的农户，实施移民政策。移民政策有以下几种安置方式：①转户进城安置。对于那些进城务工的、有稳定收入的高山生态扶贫搬迁对象，重庆市政府出台多项利好政策鼓励他们举家向城市转户搬迁。对于这一群体，除了可以享受高山生态扶贫搬迁政策外，还可以在子女入学、社会保障、公租房配租、职业教育与就业培训、中职就学免费等很多方面享受便利，这些利惠措施来自农民工户籍制度改革政策。②“梯度转移”安置。对于那些想继续从事农业生产的搬迁对象，重庆市启用高转低、远转近的属地安置原则，将他们尽量安置在原来的行政区域，从而方便他们劳作。对于那些只能跨区安置的对象，有关部门会尽量为其分配适当的耕地。这些搬迁对象享受与迁入地原住民同等的政治经济待遇。③旅游服务业安置。对于那些有意愿从事旅游服务业并且符合条件的搬迁对象，重庆市主要将他们安置在了景区周边以及乡村旅游规划区，这些搬迁对象享受扶持旅游服务业的有关优惠政策。在安置地点的选择方面，重庆市是有原则的，比如，要符合土地利用总体规划和乡镇场镇建设规划，尽量依托现有基础设施，要综合考虑新农村建设、生产耕作、产业布局、区位条件、地质条件等因素，以城镇郊区、产业园区、景区周边、农村集镇为重点，等等。重庆市此举，是结合特色集镇和农民新村，打造出了一批高山生态扶贫移民安置亮点。

3. 成渝模式的两个案例

成渝地区即成都与重庆两座城市周边及之间的区域，社会发展基础良好，自然生态条件相对优越，是中国西部经济最发达的区域，也是西部最重要的经济中心。针对西部地区普遍存在城乡差距问题，成渝地区率先开始探索城乡发展一体化的可行路径，逐渐摸索出一些独具特色的城乡发展一体化模式。

第一，龙泉驿区模式："农民下山＋产业上山"。龙泉驿区位于成都平原东缘、龙泉山西侧，全区幅员面积 557 平方千米，建成区面积 97.8 平方千米，辖 10 个街镇，123 个村社区，常住人口 134.6 万人，是成都国家级经济技术开发区所在地，是第 31 届世界夏季大学生运动会承办地，也是国务院命名的"中国水蜜桃之乡"，承担着成渝相向发展主战场、全市工业化主战场、成都大运会主战场的重大使命。龙泉驿区历史底蕴厚重。区境原为古蜀国辖地，唐久视元年（700 年）始设东阳县，宋天圣四年（1026 年）改称成都府灵泉县，有近 600 年置县史。明洪武九年（1376 年）改置龙泉镇巡检司，设国家级驿站，始称"龙泉驿"，并沿用至今。中华人民共和国成立后辖地分属简阳、华阳，1960 年经国务院批准设立成都市龙泉驿区。

受自然条件的制约，龙泉驿区的地理条件是坝区和山区并存，而且其远郊山区与城市近郊坝区发展不平衡的矛盾相对突出。基于此，龙泉驿区施行的是跨区域整合的生态模式。具体来说，就是对高山、远山、深山区的农民进行有计划、有组织、有规模的分批转移，让农民下山进城，让生态产业上山，发展延伸产业链条。该模式的第一个试点，是该驿区内的大兰村和龙华村。大兰村地处偏远的龙泉山脉深处，龙华村则位于城市发展近郊，生活要便捷得多，于是，政府决定将大兰村村民转移至龙华村生活。在政府的主导下，中信集团投入资金、项目，与龙华村农民办股份合作社并接收大兰村农民组成股份公司。其主要的运作模式是由政府主导，按照"两村整合、参股入社、拆院并院、生态移民、权益平等、共享成果、国企带动、政府扶持"的思路，将位居大山深处极旱极贫的大兰村与位居城市繁华坝区的龙华村全面整合。

对于区域经济发展水平差异较大的地区，龙泉驿区跨区域整合模式具有极强的借鉴意义。试点中的大兰村村民将手中的自留地使用权、土地承包经营权、林地使用权、宅基地使用权等自愿作为股本，入股龙华股份合作社，以上权利由龙华股份合作社进行统一的经营管理。这一过程中采用的土地整理方式是"拆院并院"，即将万兴乡大兰村 485 户 1 654 人的现有宅基地 148 宗进行整理，通过拆院并院，除用于建设集中安置区用地 52 亩和铺面用地 30 亩外，可实现农村建设用地减少与城镇建设用地增加相挂钩的建设用地周转指标 316.6 亩。由于龙华区优越的地理条件，大兰村置换出的土地在龙华区可以拍卖到较高的价位，这为安置大兰村村民的居住房和相应的社会保障提供了财政基础，政府无须额外投入。实施这种模式的前提条件之一，就是经济发展水平较高地区和较低地区都有意愿进行这种互换模式。

第二，双溪村模式：变农民为市民。双溪村隶属重庆市江北区鱼嘴镇，面积 3.31 平方千米，辖区 16 个合作社。在进行新农村建设之前，双溪村是个出名的"五无村"，没有自来水、没有公路、没有集体资产、没有公共服务、没有支柱产业。如今，双溪村是江北区推进城乡统筹的"晴雨表"、重庆直辖市城乡统筹能否突破的"试金石"。双溪村的新农村建设之路，要追溯至 2005 年 12 月，彼时，双溪村被确定为新农村建设的示范村，2006 年又成为"千百工程"新农村建设百个示范村之一，自此之后，双溪村在政府利好政策的扶持下，很快摆脱了极度贫困的困境。仅仅在此后的两年后，双溪村就发生了翻天覆地的变化，增收、出行、上学、住房、饮水、看病、养老等过去的"老大难"问题都得到了妥善的解决，人民群众的生活质量显著提高。

回顾双溪村的发展之路，最重要的一步就是变农民为市民。2017 年 6 月7 日，中央决定把重庆市列为全国统筹城乡综合配套改革试验区。9 月底，双溪村 300 多位农民和九龙坡区 700 多位农民转变为城市居民，标志着重庆统筹城乡改革迈出了一大步。农民变市民是重庆统筹城乡改革的一个重要举措。重庆市制定了农民“退地转户进城”的土地流转制度，开始实行激励城镇化的户籍管理政策，以及社保、就业等相关配套政策，引导农民向三级城镇群梯度转移，实现“壮有业，老有养，少有教，居有房”。双溪村试行“农民变市民”工程后，村里随即成立了双溪新农村建设公司，对全村4 000 多亩流转土地统一实施招商、经营。村党总支书记、双溪新农村建设公司总经理李龙会介绍：“农民交出土地后，每亩地每年可获得 500 千克黄谷保底租金，并参与公司年终分红。所以我们农民变市民后不愁收入不能增加。一方面就是对流转出的劳动力做技能培训，让他们增加技能，增加收入。另一方面，让他们成为土地业主的产业工人。”为提高农民收入，重庆市大力加强了农民就业技术、技能培训，免费培训的农民超过一百万人次。上百万农民及农民工参加了城乡合作医疗保险和大病医疗保险。

除此之外，双溪村以产业发展带动循环经济的模式，也为村民带来了实惠。双溪村的产业发展围绕该村新农村建设规划，定位于发展休闲观光体验式现代都市农业，以奶牛养殖和水果、花卉、特色蔬菜的两大环保产业为主。双溪村还利用奶牛养殖场，建设了具有迪士尼风格的奶牛科普观光园和西部奶牛博物馆，发展旅游经济。双溪村改革的成功，对我国尤其是城郊地区的城乡统筹发展具有一定的借鉴意义。

（四）国内城乡融合发展远景

长远来看，我国城乡融合发展的远景是构建城乡融合、共同繁荣的新型城乡关系。重点任务主要是：①推动城乡要素自由流动。盘活城乡土地资源；促进城乡人口有序流动；推动金融资本入乡投资；推进科技成果入乡转化。②促进城乡公共资源均衡配置。推进城乡空间规划一体化；实现城乡公共服务优质共享；推进城乡基础设施一体化发展。③推进城乡产业协同发展。加快发展都市农业；推动一二三产业融合发展；积极培育乡村新产业新业态；搭建城乡产业协同发展平台。④统筹城乡生态文明建设。拓宽城乡绿色空间；统筹推进城乡生产生活低碳化。⑤一体推进城乡社会治理。坚持党建引领城乡治理；促进城乡文化共同繁荣；让城乡居民共享信息时代文明成果。⑥推进城乡居民收入持续稳定增长。推进县域经济高质量发展；多渠道增加居民收入。完成以上任务，便可实现以下城乡融合的远景。

1. 城乡生产要素双向自由流动，城乡公共资源均衡配置

所谓统筹城乡发展，追求的并不是城乡的同质化发展，而是城乡在现有基础之上根据自身的优劣势通过统筹发展实现共同发展。城乡带有异质性，更有互补性。功能定位方面，乡村向城市输送工业原材料、食物、劳动力等，还具备生态屏障、休闲观光乃至农耕文化传承的功能；城市向乡村输送工业品、科学技术、信息、教育、医疗等生产和生活用品。产业定位方面，乡村主要发展农、林、牧、渔等第一产业，此外，还会围绕城市主导产业和市场需求发展工业或服务业。城市的产业定位变化因素则比较大，会受到其所处的发展阶段、所在区域城市体系中的位置、与区域城市体系中其他城市的关系等很多因素的制约，存在很大的不确定性。市场定位方面，乡村和城市高度互补、互为市场。以城带乡、以乡促城。依靠城市各类优势激活，带动乡村各类资源和要素市场。反过来，乡村各类优势资源得到充分市场释放之后又能促进城市更好更快的发展。当然，需要看到的一点是，城市和乡村只是以互补关系为主，并不是完全的互补关系，在某些产业或市场中，是存在竞争关系的。这种互补的关系，有利于城乡各自发挥自身比较优势，形成产业梯度和市场区分，避免城乡同质同构带来的城乡过度竞争以及城市的掠夺式发展。

实质上，如果站在人本角度讨论城乡的统筹发展，就是要使城乡居民获得同等资源和生活质量。也就是说，地区之间虽然经济发展趋同的可能性不大，但是，居民获得资源的机会可以大致相等。而这种机会均等化的关键，就是要素的充分流动。例如，资本由城市进入农村，农民获得资源的可能性便会增加；乡村劳动力进入城市寻求发展机会，那留在农村的人的机会便会更多；土地以合适的方式流转，农村人口的流动将会更加自由；产品也能便捷地在城乡之间贸易。因此，统筹城乡发展的战略目标之一，就是城乡资源要素双向自由流动，城乡公共资源均衡公平配置，农民、农民工以及他们的家人能够与市民拥有公平的机会和权利，在基础设施、公共服务、社会事业等方面共享发展成果。

城乡资源要素双向自由流动的达成，不仅要促进农村劳动力向城市自由流动，而且要推动城市的生产要素，比如人才、资本、项目、技术等，向农村流动。如果农村的劳动力能以合适的方式向城市转移，那么，农民的收入将会实现有效增加，且新农村建设、农村现代化、城市化等进程都会得到不同程度的推进。实现农村富余劳动力向城市流动，必须尽快打破城市二元壁垒，建立全国统一开放、规范有序的劳动力市场，由目前的农村主动流出变为城市主动接收、安置，由相对盲目流动变为有序流动。从农业现代化目标要求来看，除了推动农村资源要素向城市流动以外，还要大力推进城市的人才、资本、项目、科技等生产要素向农村流动，引导城市的工商企业、科研机构开展农业产业化经营，培育发展农业产业化龙头企业，带动农民发展生产；支持科技人员、大中专毕业生以及其他城市投资者到农村投资兴业，发展适合农村特点的特色优势产业；引导农村外出务工人员带着资金和技术回乡创业，担当新农村建设的带头人、领路人。

2. 城乡规划布局不断完善，新型城乡空间形态形成

区域地理空间是经济发展的载体，城乡经济社会发展最终都在具体的区域空间上。统筹城乡发展强调了城乡空间布局是不能割裂的，但在形态上要各具特色，城乡实质上是一个高度融合的有机整体。良好的城乡空间布局是城乡区域空间的协调发展，城乡融合共生，城中有乡，乡中有城，并且生态和谐、环境优美。

良好城乡空间形态的构建，其区域地理空间是主体，在此基础之上，要合理配置基本农田、村庄、生态保护区、水源涵养区、基础设施、城镇等空间布局，明确中心城区发展目标、城市郊区发展目标、乡镇发展目标和村庄发展目标，有重点、分层次开展建设，最终实现城乡布局达到一体化。总体而言，中心城区应以第三产业为发展重点，建立快捷、畅通的交通网络和优质健全的文化、体育、医疗、保健等服务设施网络，突出城市特色，增强城市辐射能力。城市郊区应结合当地产业特点，以建立集群发展的产业园区、工业园区为重点形成城乡经济社会联系和融合的纽带，通过科学规划、合理布局，加快统筹城乡发展进程。乡镇村应以建立优美宜居的小城镇和社会主义新农村为目标，建立城乡连通、便捷通畅的交通运输网络，加快建设乡村基础设施和公共服务设施，建立布局合理、特色突出的乡村社区。要根据区域现状和特色，制定区域规划目标，突出重点、逐步推进，最终达到城乡一体、各具特色、经济发达、社会融合的发展目标。

3. 城乡经济社会发展总体水平不断提高，结构不断优化

城乡经济社会发展的质量，是多种指标共同衡量的，一是总体规模和水平，二是反映总体内部的结构特征。藉此，统筹城乡经济社会的关键，就是要时刻关注城乡结构的合理化水平及其总体发展状况。具体地，应关切城镇居民人均可支配收入和农民人均纯收入情况、城乡家庭生活设施情况、城乡物质文化生活水平提高情况、科教文卫发展情况、邮电和通信情况、各类社会保险参保人数情况等指标，这些指标都与城乡经济社会发展总体水平密切相关。另外，优化城乡经济社会发展的结构，应从广义和狭义两个方面进行理解。广义上来说，城乡经济社会发展结构的优化，是实现城乡经济社会发展的一元化，需要改变的是当前城乡经济社会发展的二元结构；狭义上来说，是城乡各自的第一、第二、第三产业比重、人口结构、就业结构、产业结构等方面，实现配置优化。

第三章　城乡融合发展的模式选择

在工业文明的时代背景下，城乡融合发展必然表现出与农业文明不同的发展特点，有自己的新模式和新特点。关于城乡发展模式的研究，不少的研究者从不同的角度提出了不同的城市与乡村的发展理念和模式，大体上可分为四种：空想社会主义者的“乌托邦”模式、“田园城市”和“区域统一体”模式、“广亩城市”与“有机疏散”理念、“城乡融合”系统设计和“乡村城镇化”亚洲模式。

第一节　国外关于城乡融合发展模式的设计和总结

一、空想社会主义者的“乌托邦”模式

1516 年，欧洲早期空想社会主义学说的创始人托马斯·莫尔创作的传世名著《乌托邦》第一次出版，书中描绘了一个城乡发展一体化的社会：“乌托邦是一个城乡发展一体化的社会，农村没有固定的居民，而是由城市居民轮流种地。农村中到处都是间隔适宜的农场住宅，配有足够的农具。城乡物资是交流的，农村无法得到的工业品就到城市去取。农作物的收割是突击性的，选好一个晴朗的天气，城乡居民一起出动，在短期内全部完成。”《乌托邦》引发了人们对二元对立城乡社会的反思，后继理论家在此基础上提出了不同的城乡发展模式。

19 世纪是资本主义制度普遍取得胜利的时期，也是欧美国家工业化快速推进和城市化快速发展的时期。工业革命带来的不仅是生产技术的巨大变革，同时也促使社会关系发生了深远变化，引爆资本主义经济危机，城乡矛

盾日益凸显，并引发了当时的空想社会主义者的猛烈抨击。

19 世纪初叶杰出的思想家克劳德·昂利·圣西门认为，资本主义社会生产将在有组织、有计划的原则下进行，实现农业部门与工商部门联合、城市与乡村联合，从而使整个实业体系在协作状态下运行，以消除农业部门与其他一切部门、城市与乡村的分离状态。法国空想社会主义者傅立叶提出了工业劳动与农业劳动相结合、城市与乡村相结合的思想。在他设想的“法郎吉”组织里，人们既从事工业劳动又从事农业劳动；就整个社会形态而言，只有不同形态的“法郎吉”，而没有城市工业和乡村农业的界限。英国乌托邦社会主义者罗伯特·欧文构建了被称为“新协和村”的理想化城乡社会——财产共有，产品统一分配，没有工农差别，没有城乡差别，劳动将成为一种享受，每个人将根据劳动得到公正的分配。

总的来说，在空想社会主义者的设想中，社会形态看上去毫无瑕疵，但遗憾的是，这些思想家看到的只是城乡关系的表象，对于城乡之间对立的根源问题，并没有进行深层次的分析和思考。因此实用性很低，但是，就某种程度而言，他们的理论仍然对城乡发展的方向作了有益探索。

二、“田园城市”和“区域统一体”模式

1898 年，英国正处在“大工业时代”，当时的英国出现了较为严重的城乡问题，比如城市过度膨胀、乡村衰微破败。基于此，英国城市学家德怀特·霍华德出版了《明日：一条通往真正改革的和平道路》（1902 年再版为《明日的田园城市》）一书，倡导实施重大的社会变革。

霍华德的理想是逐步消灭大城市和土地私有制，用“城乡一体化的新社会结构形态来取代城乡对立的旧社会结构形态”。他在著作中指出：“城市和乡村都各有其优点和相应缺点，而‘城市—乡村’则避免了二者的缺点……这种该诅咒的社会和自然的畸形分隔再也不能继续下去了。城市和乡村必须成婚，这种愉快的结合将迸发出新的希望、新的生活、新的文明。”为形象地说明上述观点，霍华德绘制了著名的三磁铁图，列出了城市、乡村、“城市—乡村”对人民的吸引力：城市集中了经济社会发展的各种资源和市场，却远离自然；乡村生活环境美好，但缺乏社会性、土地闲置；“城市—乡村”的形式则兼具了城市、乡村的有利条件而克服了不利条件，被霍华德称为

“田园城市”。在“田园城市”中，农业区、工业区和居住区有机结合，容纳了规模适度的人口（32 000 人）。当人口超过这一数量则应当另外建设新的“田园城市”。这样，随着时间的推移，便会形成一个由放射交织的道路相连而成的城市群，霍华德把这样的城市群称之为“社会城市”。

霍华德的“田园城市”思想超越了城乡对立的思想禁锢，对未来的城乡结构做了有益探索。不过，“田园城市”的意义远不止于城乡规划，更在于社会变革。因为，霍华德最关心的不是解决城市的某些局部问题，而是发展大势，这就需要依靠社会的基本活力——广大劳动人民。

在《城市发展史：起源、演变和前景》中，美国著名城市学家刘易斯·芒福德赞发展出了“区域统一体”理论。芒福德指出，“城与乡，不能截然分开；城与乡，同等重要；城与乡，应当有机结合在一起。”芒福德的见解是，通过设立很多新的城市中心来构成更大的“区域统一体”，并以现有的分散的大城市为主体，将“区域统一体”的发展引向其周边的平衡社区里，促使区域整体发展。这样，不仅可以重建城乡之间的平衡，还有可能使所有居民在任意地方都享受到真正的城市生活益处，同时避免特大城市的困扰。

“区域统一体”理论体现了芒福德深刻的城乡发展观，这一切都建立在他对资本主义的透彻批评之上。芒福德认为，资本主义的城市发展规律，意味着坚决无情地扫清日常生活中能提高人类情操、给人以美好愉快的一切自然景色和特点，资本主义承认的只有贪得无厌、傲慢以及对金钱和权力的迷恋。

三、“广亩城市”与“有机疏散”理念

“田园城市”理论引起了建筑界广泛的兴趣，在 1929—1933 年的大萧条时期，美国建筑家弗兰克·赖特从文化意蕴和设计理念角度对当时的城市规划进行了深刻的反思。赖特提倡把工业化的城市转化为一种农业化的乡村景观，并于 1932 年正式提出“广亩城市”模式。

赖特认为，城市化是一个“过重的负担”，人们会抛弃乡村而居住在过度拥挤的大城市这种想法是十分可笑的，集中化的城市正在通过“租金”创造出来的压力消磨人的个性。现代城市既不能适应现代生活的需要，也不能象征现代人类的愿望，因而是一种反民主机制，必须取消。在《消失的城

市》中，赖特写道，未来城市应该是无所不在又无所在的。在随后出版的《宽阔的田地》中，赖特提出，人们应该走出城市的束缚，将集中的城市重新分布在一个地区性农业的网格上，发展一种完全分散的、低密度的生活、居住、就业相结合的新型城市——“广亩城市”。

“广亩城市”的实质是反城市的，赖特将之视为一种必然的社会发展趋势。他写道：“美国不需要有人帮助建造‘广亩城市’，它将自己建造自己，并且完全是随意的。”从某种意义上说，20 世纪 60 年代以后美国城市的郊迁化便是“广亩城市”思想的体现。

为缓解由于城市过分集中所产生的弊病，1943 年，芬兰建筑大师伊诺·沙里宁出版《城市，它的生长、衰退和将来》一书，提出疏导大城市的“有机疏散”理念。“有机疏散”的思想最早出现在 1913 年的爱沙尼亚大塔林市和 1918 年的芬兰大赫尔辛基市的规划方案中，其目的是把城市的无秩序集中变为有秩序分散，使人们居住在一个兼具城乡优点的环境中。

沙里宁指出，“今天趋向衰败的城市，需要有一个以合理的城市规划原则为基础的革命性的演变，使城市有良好的结构，以利于健康发展。这种结构既要符合人类聚居的天性，便于人们过共同的社会生活，感受到城市的脉搏，而又不脱离自然。”“有机疏散”理念把城市视为一个有机体，损害有机体内部的部分秩序，将影响有机体的整体功能，使其瘫痪和坏死。为避免城市趋于衰败，有必要从形体及精神上对城市进行全方位升级。不能听任城市杂乱无章的凝聚，而是要按照机体的功能要求，把城市的人口和就业岗位分散到可供合理发展的离开中心的地域。具体操作上，要把大城市的拥挤区域分解成若干集中单元，组成相互关联的集镇，并把各集镇用保护性的绿化带隔离开来，从而实现“有机疏散”。

“有机疏散”理念将城市看作如同生命有机体一样的集合体，提出了疏散城市到乡村的建议。从城乡关系角度看，以“有机疏散”原则改造过的城市，将成为一种既存在相对联系又存在相对分离的城乡区域有机体。

四、“城乡融合”系统设计和“乡村城镇化”亚洲模式

20 世纪 80 年代，日本工业立国的政策导致出现了“繁荣的工业，衰退的农业”局面，日本社会成了不适宜生活的畸形社会。1985 年，日本

文化学者岸根卓郎在《迈向21世纪的国土规划——城乡融合系统设计》一书中对此做了反思，并提出立体规划的构想——设计超越城市、乡村界限的“人类经营空间”，以缔造一个人与自然交融、城乡空间融合的社会。

岸根卓郎的哲学理念是以“协调与进步”作为永恒目标，“在混沌中追求整体的协调美和进化。”他的基本思想是，设计一个具有完善的自我形成功能并具备能够适应任何环境变化能力的理想社会系统，即“自然—空间—人类系统”。岸根卓郎认为，国土规划必须使乡村功能和城市功能有机结合起来。为建立一个在农业、工业分工合作基础上的城乡融合系统，需要将城乡作为一个整体纳入上述社会系统中来研究。此外，岸根卓郎十分重视城乡社会的软功能。他认为，城市具有多样性、文化性、娱乐性，乡村具有自然性、情绪性、传统性，应该打破城市与乡村间的界限，实现城乡社会要素的完全系统化。在这种哲学理念及基本思想的引导下，岸根卓郎设计的城乡融合系统将自然、学术、文化、产业、生活浑然一体，是物心俱丰的复合社会。

20世纪末，亚洲许多核心城市边缘出现了一种农业、非农业活动并存、城乡趋向融合的地域组织类型。加拿大地理学家特伦斯·麦吉最早观察到这一情况，并于1991年在其论文《亚洲城乡一体化区域的出现：扩展一个假设》中，将这种区域命名为“Desakota Region”。我国学者多将之译为“城乡一体化区域”。

Desakota取自印尼语，“Desa”相当于乡村，“kota”相当于城镇，合在一起表示由乡村到城市的发展阶段，是亚洲国家特有的区域，通常延伸在一个介于大城市之间的走廊带上，其间混合了密集的农业劳动与非农业劳动。Desakota有六个特征：①人口非常密集，农户的经营方式是分散型，传统产业是水稻种植。②在亚洲地区，Desakota区域是由原中心城市的工业向外扩散和乡村地区非农产业发展而来，而在西方的大都市，Desakota区域是由市中心的居民向外迁移形成的。③在亚洲地区，Desakota区域布局非常复杂，包括农业、工业、住宅等多种土地利用方式，而在欧美大都市中，Desakota区域一般环境优美，适合居住和休憩。④Desakota区域周围分布着密集的交通网，居住在这里的人们可以非常方便地获取与外界的联系，因此，在 Desakota 区域中，无论是人还是货物，都具有非常强的流动性和迁移性。⑤Desakota 区域的种养殖业发展较好，基本摆脱了传统的以种植水稻为生的方式，不但种植蔬菜和水果，还饲养家禽，服务业部门也相应地得到扩大，越来越多的女性劳动力参与到了非农产业活动中。⑥Desakota 区域的管理通常比较薄弱，主要原因是无论是城市还是乡村的原始管理方式，都不能和 Desakota 区域的发展相契合，非正式部门的普遍存在使 Desakota 成为一种“灰色区域”。Desakota 严格来讲是一种由乡村向城镇过度中的区域，受城市社会和乡村社会的共同作用，归根结底是社会经济发展的结果。

麦吉的研究着重于探讨城乡之间双向交流引起的地域空间变化，其对亚洲城市发展模式的总结吸引了越来越多学者的兴趣。通过探索能够说明大多数欠发达国家中人类聚落转换特征的空间模型，人们对于发展中国家城乡发展的理解得到了深化。

总之，通过对城乡关系理论与城乡发展一体化实践的全面梳理可以发现，马克思主义经济思想与西方主流经济理论都认识到了城乡分离的历史进步性，也都预见了城乡最终融为一体的必然性。然而，二者在分析视角及侧重层面上存在很大的区别：马克思主义以历史唯物主义为视角，通过考察生产力及生产关系的相互作用，在一般意义上探讨了城乡关系的运动规律，深刻揭示了城乡关系的实质；西方各主流经济学派则将资本主义生产关系视为永恒不变的，在既有制度框架内，从资源配置、城乡差异的角度出发，分析城市、乡村发展的瓶颈，探索城乡由二元经济结构转向成熟经济的模式及路径，侧重于解决现实问题。

在马克思主义者看来，城乡关系的实质是城市居民与乡村居民在物质生产、分配、交换、消费过程中形成的相互关系，属于生产关系范畴。因此，城乡发展一体化的进程将在根本上依赖于城乡生产力的解放和发展。我国处于并将长期处于社会主义初级阶段，实行以公有制为主、多种所有制并存的经济制度，生产力仍然不够发达，城乡发展有其自身特色。因此，我们应该坚持以马克思主义城乡理论为指导，同时借鉴西方资源配置、城乡联动等不同视角的分析，在深入研究国情实际的基础上，推进我国向城乡融合方向发展。

第二节　我国城乡融合发展的基本模式

工业化、信息化、城镇化、农业现代化是城乡融合发展的总体背景，新时代是城乡融合发展面临的阶段性新特征。在新背景和新阶段下，城乡融合发展必须有新模式和新特点。

一、突出政府主导，发挥市场机制

城乡融合发展在部分地区已经取得了一些进展，如成渝地区、苏州地区等，这些地区的成功经验无不显示了政府主导在城乡融合发展中的关键作用。新时代背景下，城乡融合发展既要充分发挥市场的资源配置作用，更要发挥政府的主导作用。市场运作、政府主导体现在：①政策支持。城乡发展离不开政府的政策支持。政府根据不同地区、不同阶段在资源、技术、资本、人才等方面的特点，整体部署、全面规划，系统性、针对性出台优惠措施和惠民措施，是城乡发展、社会公平的有力保障。党的十八大以来，以习近平同志为核心的党中央提出一系列促进城乡融合发展的政策措施，为城乡融合发展奠定坚实的政策基础。②科学决策。科学决策需要政策具有持续性，需要政策通盘考虑社会现在和未来的需要，需要政策在目标、原则、动力、重点领域等方面具有一致性，这都离不开政府特别是中央政府的主导和协调。③资源整合。城乡融合发展不能局限在一地一隅，必须整合各个地方的资源优势和人才优势。实现集约发展、互利共赢，必须市场运作、政府主导。④人才培养。党的二十大报告指出，要坚持人才是第一资源，深入实施人才强国战略。如今，在乡村振兴战略实施的重要阶段，更要把人才振兴放在乡村振兴的首要位置，坚持引育并重，深化产才融合，让各类人才在希望的田野上阔步向前、踔厉奋发，激活乡村振兴的一池春水。

二、发挥农民主体作用，推进社会广泛参与

城乡融合发展离不开社会的积极参与。改革开放后，中国经济高速增长，但截至2013年，我国的人均GDP仍然只有世界平均水平的2/3，仍然处在不发达阶段，广大农民收入水平依然比较低。因此，城乡融合发展不仅

需要政府政策和财政支持，还需要发挥农民的主体作用，更需要鼓励社会参与，群策群力，调动社会资源。农民主体、社会参与主要体现在：①社会监督。基层工作十分复杂。中央和地方政府的政策，可能会由于基层干部理解不到位、群众未能全面权衡利弊得失等原因，在执行上出现偏差，出现好政策无效果甚至反效果的局面。这就需要社会各界特别是农民发挥社会监督职能，及时纠偏纠错，确保政策落实到位；②社会投入。鼓励民间资本、非营利组织等参与促进城乡融合发展的基础设施、医疗文体项目建设，有利于弥补政府资金不足，也有利于带动社会参与城乡融合发展的积极性。

三、坚持“五化”同步，实现创新驱动

中国过去 40 多年的发展成果，得益于劳动和资本等要素的高速积累，是较为典型的“要素驱动”模式。但“要素驱动”模式注定不可持续。新时代背景下，城乡融合发展必须“五化”同步、创新驱动。主要体现在：①科技创新。农业产值低、生产率低，是制约农村发展的重要因素。但新时代背景下，这些不利因素反而可能成为新的经济增长点。工业 5.0、物联网、电子商务等新技术正在改变现有的经济格局，物质文化的丰富使得社会更加关注食品安全和饮食健康。抓住机遇、努力创新，农业和农村都会高速发展；②政策创新。“大众创业、万众创新”是中国经济新的发动机。创业和创新离不开政府政策创新。政府应积极推进税收、金融、技术、信息等方面的政策创新，降低创业门槛，培育创新土壤，呵护创业环境让创新为城乡融合发展添砖加瓦；③制度创新。党的十八大以来，政府多次出台文件，简政放权，疏通“堵点”、消除“痛点”、覆盖“盲点”，助力经济发展。消除“冗政”“繁政”，实属必要，但也不应忽视制度创新。积极进行制度建设，把经济活动、政府活动纳入法律和制度的框架，让制度规范、适应、引导城乡融合发展，应成为政府制度化建设的重要内容。

四、坚持因地制宜，追寻特色发展

新时代背景下的城乡融合发展，必须坚持因地制宜，特色发展。各地的建设经验表明，在操作层面，不存在一个一般性的、适用于所有地区的城乡融合发展模式。西部地区有人口优势、环境优势，东部地区有技术优势、资

金优势，各地应该根据自身的情况，选择合适的发展模式。因地制宜，特色发展主要体现在：①符合传统习惯和社会风俗。有的地区在发展过程中，形成了独特的文化氛围和生活习惯，这些地区的城乡融合发展就不能仅仅将目标定在人均收入、公共服务等方面，更要考虑传统文化和风俗的保存和发展。②塑造独特的风格和理念。有的地区在历史发展中，社会风俗和其他地方相似，但仍然有自己独特的人文地理、历史风物。城乡融合发展可以围绕当地地理名胜、文化遗产等，将城市和农村建设成为有浓郁人文韵味的、互相认同的标志性地区；③发掘自身的比较优势。有些地区可能在人文历史、资源环境方面都不具有优势，但也可以充分发掘自己和周边地区的比较优势，最终将相对优势转化为绝对优势。

总之，党的十八大以来，我国的城乡融合发展进入了新的阶段。坚持协调发展成为中国经济发展的一个指导原则。新形势和新理念必然要求城乡融合发展在目标、动力机制、重点领域和发展模式上有所突破。城乡融合发展的目标应包括制度统一、流动顺畅、经济增长、环境改善、各具特色、互为补充、和谐美好；基本原则应包括科学发展原则、以人为本原则、实事求是原则、坚守底线原则、统筹兼顾原则、形式灵活原则、权利平等原则；动力机制主要包括转变农业发展方式、加大惠农政策力度、全面深化农村改革、基层民主和基层自治制度改革；重点领域主要包括教育公平、公共服务平等、完善社会保障、发展农业科技；基本模式包括政府主导、市场运作，农民主体、社会参与，“五化”同步、创新驱动，因地制宜、特色发展。在未来的城乡发展一体化进程中，认准目标、坚持原则、保持活力、抓住重点、创新模式，城乡融合发展必然会在“十四五”规划期间向全面建成小康社会的宏伟目标稳步推进。

第三节　城乡融合发展的具体路径

路径是模式的表现形式和实现手段，因而，城乡融合发展模式的选择最终将落到具体路径的选择。依照我国目前的国情来看，当前城乡融合的具体路径可概括为坚持走中国特色农业现代化道路、加快推进新型城镇化建设步伐、把实施乡村振兴战略摆在首要位置。

一、坚持走中国特色农业现代化道路

农业是国民经济的基础产业，农业现代化是农业发展的方向，是关系国计民生的根本性问题。我国农业现代化受发展阶段和发展环境的影响，依然面临着很大的差距和挑战。作为一个发展中国家、作为一个拥有 14 多亿人口的大国，我国必须始终把发展农业作为立国之本，作为提高农民收入水平的重要举措，作为推动实现城乡融合发展目标的重要力量。在当前条件下，为实现上述目标，必须走中国特色的农业现代化道路。

（一）中国特色农业现代化道路的内涵

实现农业现代化一直是中国共产党为中国社会建设所构建的一个重要蓝图。早在 1945 年，毛泽东同志在党的七大政治报告《论联合政府》中就指出，在抗日战争结束以后，“中国工人阶级的任务，不但是为着建立新民主主义的国家而奋斗，而且是为着中国的工业化和农业近代化而斗争。”这里的“农业近代化”就是今天我们所说的“农业现代化”。在中华人民共和国成立后召开的第一届全国人民代表第一次会议上，实现农业现代化作为我国发展国民经济的一个重要目标进一步得到了明确。在 1956 年党的八大上，实现农业现代化被正式写进了党章，成为中国共产党人为之奋斗的目标。党章指出，“中国共产党的任务就是有计划地发展国民经济，尽可能迅速地实现国家工业化，有系统、有步骤地进行国民经济的技术改造，使中国具有强大的现代化的工业、现代化的农业、现代化的交通运输业和现代化的国防。”在 1963 年 9 月召开的中央工作会议上，党提出了发展国民经济“两步走”的战略，明确把实现农业现代化作为“第二步”战略去完成，农业现代化目标被具体化了。1964 年 12 月 21 日，周恩来总理在第三届全国人民代表大会第一次会议上所做的《政府工作报告》中继续坚持了这一提法，并明确宣布：“我们必须打破常规，尽量采用先进技术，在不太长的历史时期内，把我国建设成为一个具有现代农业、现代工业、现代国防和现代科学技术的社会主义强国。”自此之后，中央领导集体一直坚持着我国社会主义建设中的农业现代化目标。改革开放后，以邓小平同志为核心的中央领导集体审时度势，坚持和完善了国民经济的“四化”目标，并把它变成了一个全国人民耳熟能详的口号。今天，在实现城乡融合发展的征程中，更需要结合我国实际，在总结前人和世界其他国家发展经验的基础上，走出一条具有中国特色的农业现代化道路。为探索出适应我国国情的农业现代化道路，对世界上有代表性的农业现代化模式进行学习总结十分必要。

历史经验表明，由于每个国家的国情、发展阶段不一样，因此不存在一个标准的农业现代化模式。而要成功实现农业现代化，必须从自己的实际出发，吸收借鉴别国的成功经验和失败教训。从国际社会的发展经验上看，现有的农业现代化模式主要有三种类型：一是以美国、加拿大为代表的“规模化生产＋市场机制＋政府保护”模式。这种模式建立在丰富的土地资源和短缺的劳动力的基础之上。其主要特点是，以现代科学技术为农业支撑，以机械化、规模化和公司制农场管理方式为主要途径，走以提高劳动生产率为核心，提高农业生产率、商品率、经营效益和资源配置效率的农业现代化发展道路。为了更好地沿着这条道路往下走，政府通过财政政策、信贷政策、价格政策等措施在农业科研投入和农业科技推广等方面进行扶持，对农业生产要素市场和农产品市场进行干预和保护。例如，美国政府用于农业科研的公共拨款占农业国内生产总值的比例从 20 世纪 60 年代的 1.6％上升到 80 年代前期的 2.4％，近年来这一比重又有了进一步的提升。联邦政府每年大约支出 3 000 亿美元，用于公路、水利等公共基础设施建设。二是以日本、荷兰为代表的“小农经济＋农协组织＋政府保护”模式。这种模式主要基于人多地少和耕地资源短缺的现状。其主要特点是，以小农经济为基础，以“三位一体”（小农地权、农协组织和政府保护）农业体制为条件，以大量资本投入为前提，通过依靠农业科学技术引进创新改良农作物品种、加强农田水利建设、增加化肥和农药使用量和政府强力干预等措施，走以土地生产率为核心，提高农业生产率、资源产出率和农民收入的农业现代化跨越式发展道路。三是以法国、英国和德国为代表的“中间类型”模式。这类国家的国情介于上述两者之间，既缺乏足够的劳动力，人均耕地又不多，农户经营规模中等。这种模式的特点是，重视用现代工业装备农业，重视现代农业科学技术尤其是生物技术的普及推广，把农业生产技术现代化和农业生产手段现代化放在同等重要的地位，实行“物力投资”和“智力投资”并举。同时，政府也加大支农惠农的力度，出台了一系列保护农产品的价格政策。例如，法国政府就一直高度重视农业教育、农业培训、开发研究和技术在内的智力投资。据相关资料显示，德国农民的收入中有约一半来自各项农业补贴及奖金。2006 年德国联邦政府拨付 6.15 亿欧元给各个州，16 个州按联邦政府拨付资金的 40%比例配套，专门用于发展农业。如果按农民人均计算，德国每年每位农民享受的补贴为 1.7 万美元；如果按照耕地面积计算，德国每公顷土地获得补贴 300 多美元。

以上三种类型的农业现代化模式都具有一定的代表性和参考意义，但切不可照搬了事，一定要以我国的国情为前提学习借鉴，探索一条具有中国特色的农业现代化道路。

经过多年的不断探索与发展，我国农业现代化水平大幅提升，农业科技进步贡献率突破 60%；农民收入持续增长，提前一年实现较 2010 年翻番的目标。虽然我国农业现代化取得了巨大成就，但在发展的同时夹杂着众多需要解决的难题，生产力、生产关系以及国家政策引导这三方面，是影响我国农业现代化发展的关键三因素。

1. 以种子和耕地为代表的生产要素存在薄弱环节

种子是农业的“芯片”，耕地是粮食生产的命根子，只有把这两个要害抓住了，才能从基础上确保国家粮食安全。种子和耕地成了现阶段农业发展的卡脖子环节。城乡居民在解决温饱问题后日益注重农产品质量，而农产品供需矛盾促进了农业生产调结构、提质量，更加注重种子创新。但是，种业的育繁推环节关联依然不够紧密，科技成果转化速度依然较慢。种子研究机构和种子企业基础科研投入依然较低，种业创新仍有很长的路要走。

耕地方面，我国用占世界 9%的耕地养活了世界 20%的人口，但也使耕地被长期高强度利用、退化加剧。随着城镇化、工业化快速推进，优质耕地资源更加紧缺。因此，有关部门坚决遏制“非农化”、防止“非粮化”；同时大力提升耕地质量，并以高标准农田建设为主要抓手。此外，农业基础设施投入力度依然不够。当前，中国农业农村的网络、通信、加工、物流等基础设施建设薄弱，直接影响农业现代化发展。

2. 农业科技创新水平仍有差距

习近平总书记强调，农业现代化，关键是农业科技现代化。2020 年，我国农业科技进步贡献率超过60%，主要农作物耕种收机械化水平超过70%，农业科技发展对近几年农业快速发展起到了重要作用，但是与以色列、荷兰等发达国家相比，农业科技贡献率依然有很大差距。农机装备领域，发展不均衡不充分，尤其是经济作物等机械化程度低；另外，现代信息化技术、人工智能等在农机装备中推广不足；智能化管理发展滞后，效率较低。

3. 小农户与现代农业的衔接问题

农民劳动者作为农业现代化发展的主力军，需要能够与农业现代化进行有效衔接。一方面，农民的综合素质会影响农业现代化的发展速度，另一方面，实现农业现代化需要通过组织管理等方式来发挥其现有的能力。小农户与新型经营主体的衔接需要进一步加强。小农户与合作社、企业通过土地租赁、股份合作、土地托管、订单等方式进行联接，农户可以获得土地流转费用、股份分红、生产收成等，实践过程中基于利益分配方式、风险承担大小不一，出现利益联接不紧密、不稳定的现象。

目前，我国农业生产经营人员逐步老龄化，种地的大多是60岁以上的老人；受教育程度有限，初中及以下学历占比达到91.8%，农业人才缺乏。截至2017年年末，农村实用人才仅占农村总人口的4.3%，整体上呈现复合型人才少、高级人才少、青年人才少的特点，主要是农业科研人员、科技推广人员、技术和管理等人员缺乏。所以，培养高素质农民、吸引懂农业、爱农村、爱农民的新农人，是全面推进乡村振兴时期的重要着力点。

除了以上影响因素之外，农业产业链条、农产品商品化等，也会对农业现代化发展产生一定影响。比如，我国农产品加工转化率为67.5%，比发达国家低近18个百分点；农产品商品率不到60%，距离发达国家90%的比例差距也较大。

（二）建设现代农业的经营体系

现代农业经营体系的构建，首要任务是培育新型农业经营主体，比如农民合作社、家庭农场、农业企业、专业大户等。以此为契机，可以建设一支高素质的农民队伍，还能发展多种形式适度规模经营，组建集约化、专业化、组织化、社会化相结合的新型农业经营体系，从而实现家庭经营、合作经营、集体经营、企业经营共同发展。

基于我国当前的情况，构建现代农业经营体系的前提是要培育和形成新型农业经营主体。目前，全国家庭农场已经接近 60 万家，但是在技术支撑、资金投入、生产销售方面不能满足发展现代农业的要求。合作社数量大但质量不高。全国农民专业合作社已经超过 210 万家，增速快，但是总体质量不高，一些管理运行不规范，与农民的利益联结也不紧密，存在“空壳社”“僵尸合作社”等现象，制约了农业现代化发展。龙头企业与农户的合约稳定性差。我国公司与农户之间的订单违约率高达 80%，且公司更加倾向与大户展开合作，而非小农户。在农业社会化服务方面，体系依然不完善，需要加强。农业的社会分工协作程度和水平不高，服务体系在多数地区还不健全，推进农业产业化过程中所需的信息、技术、资金、物资、加工、销售等社会服务体系明显滞后。

（三）加强国家政策和理念引导

2020 年 3 月 30 日，习近平总书记在浙江考察时强调：“全面建设社会主义现代化国家，既要有城市现代化，也要有农业农村现代化。”

农业农村现代化是全面推进乡村振兴战略，全面建设社会主义现代化国家，实现中华民族伟大复兴的必由之路。各地在推进农业农村现代化发展的过程中，上下齐心、政通人和，因地制宜、抓住问题、找好抓手、精准施策，充分分析解剖问题、科学规划、找准载体，因地制宜地推进农业现代化发展。这对农业发展也有着积极的正向引导和促进作用，同时也促使各级政府、各方主体凝心聚力，攻坚克难，推进乡村振兴取得新进展、农业农村现代化迈上新台阶。

党的十九届五中全会通过的“十四五”规划建议提出，要建设“农业现代化示范区”，作为提高农业质量效益和竞争力的重要举措。在国家现代农业示范区、国家现代农业产业园、农业产业强镇、优势特色农业产业集群之后，创建农业现代化示范区，将是推动我国农业现代化进程的新载体，其内涵更加丰富，所涉及的领域更为广泛，示范引领农业向设施化、园区化、融合化、绿色化、数字化发展，促进形成梯次推进农业现代化发展的新格局。

（四）构建现代农业产业体系、生产体系和经营体系

2020年是全面建成小康社会目标实现之年，是全面打赢脱贫攻坚战收官之年，是取得第一个百年奋斗目标全面胜利兑现之年。按照习近平总书记提出的全面小康“一个都不能少”的要求，农业是短腿、农村是短板、农民收入是短项，打赢脱贫攻坚战是底线任务。为此，2020年中央1号文件任务明确，重点突出，一方面提出补齐“三农”短板，如期完成脱贫底线任务；另一方面提出要突出产业发展，从根本上解决农业农村农民问题。产业振兴是实现农村全面小康的物质基础，是解决农村一切问题的前提。因此，必须加快构建现代农业产业体系、生产体系、经营体系，推进乡村产业全面振兴，以产业振兴确保全面建成小康社会的成色、脱贫攻坚的质量。

建设现代农业产业体系，首先，要保证粮食生产能力的稳定，保证国家粮食安全，尤其是口粮的绝对安全。其次，要对农业生产结构作出积极调整，对于水产业、现代畜牧业、园艺业、林业，要花大力气促其发展。在农产品生产方面，要努力提高产品的品质以及附加值，摆脱过去重视生产数量轻视产品品质的窠臼，将眼光放得更加长远一点，在生产的同时，注重对生态可持续发展的保护，这样才能使农业生产从根本上满足人民日益增长的美好生活需要，不但能保证数量，还能保证质量，更能保护生态。要对农业区域布局保持持续性的优化，发展农业生产时，要注意各地的资源比较优势，形成区域专业化的生产布局，逐渐摆脱农业生产布局“小而全”“大而全”的现状；要积极延伸农业产业链条，大力发展农产品加工和流通业，发展农业社会化服务业，发展围绕农业活动的第三产业，推动粮经饲统筹、农林牧渔协调、种养加一体、一二三产业融合发展，着力改善农产品加工业的落后现状，想方设法提高其加工率和加工度，大举提升农业生产性服务业发展水平，竭力提升农业整体素质和竞争力。

建设现代农业生产体系，需要的是现代物质和现代科学技术，前者可以提高农业的“战斗力”，后者能对农业进行改革和提升，从而使农业的生产条件、生产手段、生态环境等得到不断的优化。需要做的是，加强农业基础地位，提高公共基础设施建设，促进农田水利的畅通、农产品的流通和农产品市场的构建，大规模推进农田水利、土地整治、中低产田改造、高标准农

田建设，提高农业抵御自然灾害和风险的能力，增强农业生产稳定性。要想方设法发展农业机械化并且做到因地制宜，促进现代设施农业、智慧农业、农业产业园区的良好发展，优化农机合作社服务模式，促进农业现代化与信息化相融合，从而使农业生产的机械化水平和信息化程度获得提升。要强化农业科技创新和推广，因为这是农业生产发展的不竭动力，需要注意的是，要使农业生产在农业科技创新的助力下实现真正的快速发展，就需要二者之间形成有效的体制机制，健全农业技术推广体系，尤其是要搞好农业技术推广"最后一公里"问题，使农业经营主体能在真正意义上掌握农业技术。要强化农业社会化服务，在这一过程中，政府牵头的农业公益性社会化服务是基础，因此，这项工作必须做好，在此基础上，一定要注意新型农业服务主体的培育，重点发展面向农业生产的专业化服务公司，扩展农业产前、产中、产后服务，从而最大限度地促进农业社会化服务体系的完善和提升，从根本上促进农业社会化服务水平的提高。要强化农业标准化生产，标准化农业是农业发展的目标，所谓标准化，就是要保证农产品质量的始终如一，从农田到餐桌，这一过程涉及的质量安全过程监管体系必须透明和合规，这是保证农产品质量安全的关键。要强化农业生态资源环境保护，对于"化肥农药零增长行动"，要进行持续且深入的推进，要提高农业种养过程的生态循环的高效性，扩大农业节水工程的规模，大力实施区域规模化高效节水灌溉行动，深入实施土壤污染防治行动计划，实施耕地、草原、河湖休养生息规划，集中治理农业环境突出问题，推进山水林田湖整体保护、系统修复、综合治理，使农业发展保持可持续性。

建设现代农业经营体系，最关键的环节就是要培育新型农业经营主体，增加家庭农场、农业企业、农民合作社的数量，使农民队伍更加职业化，发展多种形式适度规模经营，构建集约化、专业化、组织化、社会化相结合的新型农业经营体系，实现家庭经营、合作经营、集体经营、企业经营共同发展。其中，现代家庭农场是一个农业新型经营主体，其特点是主要劳动力是家庭成员，主要收入来源是农业生产，而且所从事的农业生产带有专业化和集约化的特点。现代农业经营体系的构建过程中，经营规模相当于当地户均承包地面积 10～15 倍的家庭农场是当前的主要培育对象，当此类家庭农场成为我国农业经营的主体，我国现代农业经营体系的创设将事半功倍。另外，要竭力提升农业生产的组织程度，发展多种形式适度规模经营，建设具有专业化、集约化、社会化和组织化特点的新型农业经营体系，逐步缩小分散的、小规模的、粗放式经营规模，并注重规模经营在现代农业建设中的领航作用。要大力鼓舞和吸引工商资本到农村发展适合企业化经营的现代种养业，向农业注入新鲜血液，形成具有现代化的生产模式和经营模式，实现家庭经营、合作经营、集体经营、企业经营共同发展。要积极探索土地流转和规模经营的形式和渠道，对那些可以帮助农民实现土地承包经营权流转的方法和措施要尤其关注，促进完善的土地流转和规模经营的实现，为新型经营主体特别是现代家庭农场提供坚实基础，用新型经营主体和规模经营提升农业竞争力和吸引力，这是我国建设现代农业经营体系的一个根本性问题，也是我国农业发展的一个根本性问题。

（五）推进农业农村现代化过程中需关注的重点问题

截至 2020 年年底，我国全面建成小康社会和打赢脱贫攻坚战的任务目标已经达成。在全面建成小康社会、实现第一个百年奋斗目标之后，中国已经开启了全面建设社会主义现代化国家新征程、向第二个百年奋斗目标进军的新发展阶段。中国式现代化的实现，离不开对农业农村现代化的优先发展的坚持，尤其是在我国全面建设社会主义现代化国家新征程中，加速农业农村现代化的发展是当前的迫切要求，这是我国从农业大国迈进农业强国的必经之路。农业农村现代化是乡村振兴战略的总目标，建设现代农业强国则是全面建成社会主义现代化强国必不可少的重要组成部分。国家乡村振兴战略规划，已然为我国指明了未来农村经济发展和乡村振兴的方向：到 2035 年，要基本实现农业农村现代化；到 2050 年，要实现乡村全面振兴，真正实现“农业强、农村美、农民富”。

农业农村现代化的内涵极为丰富，包括农业现代化、农村产业现代化、生态现代化、文化现代化、乡村治理现代化和农民生活现代化。有关研究显示，我国在 2035 年基本可以实现农业农村现代化，在 2050 年可以全面实现农业农村现代化。可以说，我国农业农村现代化的发展前景良好，不过，当前的实际情况是当前农业农村现代化的各个方面的发展进程存在比较大的差别，其中，农村产业现代化进程发展态势最为喜人，农村文化现代化发展最为堪忧，乡村治理现代化发展也不容乐观。基于此，实现农业农村现代化，集中力量强化薄弱环节刻不容缓。

2020年党的十九届五中全会胜利召开，成为农村经济发展的良好契机，原因是这次会议重申坚持把解决好“三农”问题作为全党工作重中之重，并明确提出全面实施乡村振兴战略。但是，仍需看到的是，我国当下的农村经济发展仍然面临着来自方方面面的挑战。①粮食生产的成本在不断变高；②当前我国以小规模分散经营为主体形态的农业生产模式，无法与农业现代化和绿色化转型的需要相适应；③近年来农民收入增长越来越依赖工资性收入和转移净收入，经营净收入和财产净收入贡献小；④随着农村居民受教育程度的提高，大量学历和文化素质相对较高的中青年劳动力不断向城镇流入，村庄布局规划调整和人才振兴的难度不断增加；⑤农村现有的多种资源有待开发使用。基于以上问题，我国若想实现全面而深化的农村改革，就必须开展一场“破冰行动”，迎难而上，见招拆招，只有这样才能全面激发农村发展内生动力。

推进农业农村现代化过程中需关注的重点问题有四个。

一是实现城乡基本公共服务均等化。我国预期实现基本公共服务均等化目标的年份是2035年。当前的首要任务，是完成农业转移人口市民化工作，实现基本公共服务城镇常住人口全覆盖。以此为基础，要将农村人口纳入进来，实现基本公共服务城乡常住人口全覆盖。要实现这些目标，就需要在2035年之前，完成城镇化与市民化同步以及城乡社会保障并轨、城乡公共资源均衡配置和城乡基本公共服务均等化。

二是加快由农业大国向农业强国转变。现代农业强国拥有4个重要的标准，即“四强一高”，一是农业供给保障能力强，二是竞争力强，三是科技创新能力强，四是可持续发展能力强和农业发展水平高。这4个标准牵动的是国家的农业综合能力和发展水平，当一个国家成为农业强国，那么其众多农业发展水平指标都应该达到世界先进水平，比如农业机械化水平、智慧化水平、社会化服务水平、农产品加工水平、产业融合水平和农业管理水平等，都应该达到世界先进水平。依照当前我国的农业产业实际情况，距离农业强国还有一段路要走，因此需要在如何实现“四强一高”上狠下功夫。

三是建立促进现代农业建设的投入保障机制。农业生产对气候、水利、土壤等自然条件依赖较大，同时农业现代化是一项涉及技术创新、资本投入、结构调整和体制机制完善等方方面面问题的系统工程，这就需要国家从战略的高度和全局的高度，对农业现代化的推进方式、推进速度等进行顶层设计，并采取有效措施来支持和协调。发达国家的农业发展经验也表明，农业现代化的实现不可能仅仅依靠农民自身的努力，离不开国家的支持和保护。建立公共财政体制、完善转移支付制度、形成既符合世界贸易组织规则又具有本国特点的农业支持保护体系，是已经实现了农业现代化国家的普遍做法和成功经验。不仅欧洲、日本是如此，就连号称拥有世界上最自由的市场经济的美国也是如此。

四是以“四个全面”来统领经济社会发展全局。党的十八大以来，我国社会主义建设进入一个崭新的时期，党中央、国务院以“四个全面”来统领经济社会发展全局。按照全面深化改革和统筹城乡发展的要求，采取了一系列支农扶农惠农的重大政策，农业科研投入加大，农业基础设施建设进一步巩固。各地区各部门也在积极落实中央部署，切实加强“三农”工作，农民收入、农业发展和农村面貌出现了积极变化，迎来了新的发展机遇。然而，必须看到，由于我国正处于工业化、城镇化发展的关键时期，同时由于传统体制的影响，农业的比较收益低，不仅社会资本投入农业的积极性不高，而且农民种粮的积极性也不高，大量青壮年劳动力转移到城镇做工，种粮副业化、农村老龄化日益突出。如果这些问题不能够得到很好的解决，农业生产势必会出现萎缩的局面。因此，促进农业发展保障粮食等农产品供给并不是一件容易的事，根本出路是在加快推进现代农业建设上下功夫，推动农业综合生产能力的连续强化。在加快土地流转制度改革的同时，国家需要加大财政资金和信贷资金对农业的支持力度。始终坚持“多予少取放活”的方针，并将重心放在“多予”上。调整国民收入分配格局，国家财政支出、预算内固定资产投资和信贷投放，要按照存量适度调整、增量重点倾斜的原则，不断增加对农业和农村的投入，扩大公共财政覆盖农村的范围，建立健全财政支农资金稳定增长机制。

二、加快推进新型城镇化建设步伐

1998 年，党的第十五届三中全会召开，会上通过的《中共中央关于农业和农村工作若干重大问题的决定》中正式采用了“城镇化”一词，这是“城镇化”在我国最高官方文件中的首次亮相。以发展的眼光来看，城镇化当属历史范畴，是一个发展中的概念，它是经济社会发展的必然趋势，是工业化、现代化的重要标志，也是推动经济发展和社会进步的重要力量。

工业革命以来的经济社会发展史表明，一个国家要想成功实现现代化，就必须保证在发展工业化的同时，城镇化发展不掉队。当今中国，城镇化与工业化、信息化和农业现代化同步发展，是现代化建设的核心内容，彼此相互联系、相互影响。其中，城镇化是载体和平台，起着承载和带动农业现代化发展的作用。著名经济学家、2011 年诺贝尔奖得主斯蒂格利茨曾预言，未来世界有两件影响国际经济发展的大事，一件是美国高科技的发展，另一件就是中国的城镇化。改革开放以来，在中国共产党的领导下，我国城镇化发展取得了突出成绩，城镇化率从改革开放之初（1978 年）的 17.9%，上升到 2021 年的 64.72%。这意味着四十余年来中国的社会结构已经发生了根本性的改变。城镇化的快速推进，不仅吸纳了大量农村劳动力转移就业，提高了城乡生产要素配置效率，而且还促进了城乡居民生活水平全面提升。实践表明，加快新型城镇化建设步伐，是实现城乡融合发展的一项重要举措。

（一）城镇化的内涵

城镇化又被称作“城市化”，是指一个国家或地区的农村人口不断向城市迁移和聚集的过程。在人口总量不变的情况下，城镇化又表现为城镇规模的扩大和城镇数量的增加。在城镇化这一表象的背后，反映的是社会生产力发展所带来的人类社会在生产方式、生活方式和居住方式上的变化。从生产方式上看，城镇化一方面意味着生产要素在空间上的相对集中，另一方面也意味着一个社会产业结构的不断高级化，即第二产业和第三产业在国民经济中产值比重的增加，自然经济逐渐被社会化大生产所取代；从生活方式上看，城镇化意味着过去那种以人格化交易为主的社会逐渐转化为以非人格化交易为主的社会，市场在人们交往中越来越扮演着一个重要的角色；从居住方式上看，城镇化反映的则是人们由散居到聚居的变化。

城镇化的发展程度一般用“城镇化率”来进行描述。城镇化率指一个国家或地区期末城镇常住人口占期末常住总人口的比例。在我国，通常把那些在一个地区居住达半年或半年以上的人口称作该地区的“常住人口”。

作为人类社会发展所不可避免的一种现象，城镇化尽管在各地的发展各具形态，但也存在着很多共性。美国地理学家 R. Northam 在 1979 年出版的《城市地理学》中指出，各地城镇化进程所经历的轨迹可以用一条稍被拉平的S形曲线来进行概括：在起步阶段，城镇化随着工业化的发展而缓慢上升。当城镇化率达到一定比例（通常为 20%～30%）之后，便出现加速上升的趋势，即社会进入“快速城镇化”时期。到了临界值（通常为 70%）之后，城镇化的增长速度便明显放慢，到最后甚至还会出现负增长（即“逆城镇化”）。除此之外，城镇化发展还有如下共性：第一，大城市在一定时期内存在快速发展的态势。所谓大城市，一般是指人口在 50 万人以上的城市。世界各国城镇化的历史表明，与S形发展形态相适应，在城镇化的初期和中前期阶段，大城市在数目和人口总量的增长方面会明显超过中小城市，并逐渐形成一个以自身为核心的城市群；第二，大、中、小城市协调发展。随着生产力的发展，一个经济发达的区域内总是存在规模不同的大、中、小城市，这些城市之间呈现出一种金字塔式结构，即城市规模越小，数量越多，城市规模越大，数量越少；第三，城镇化发展水平与经济发展呈现出相互促进的关系。经济发展水平提高，城镇化水平也随之提高；而城镇化水平的提高，又会反过来提升资源配置的效率，从而推动经济的发展。

从 1996 年开始，随着对外开放的进一步扩大和工业化水平的加快，我国迎来了一个全球瞩目的被称为“中国制造”的时代。在这一时期，由于社会对劳动力需求的快速增长和城乡差别扩大导致的农村生活水平的相对下降，农村富余劳动力开始大规模向城镇流动，“农民工”由此成为被社会广泛关注的一个群体。另外，大中城市由于推行“国退民进”的改制措施，传统的国有经济在民营化后焕发出新活力，对农村劳动力的需求也在不断扩大。与此同时，过去那种限制大中城市发展的政策也被取消。在这几股力量叠加的作用下，我国的城镇化在 20 世纪 90 年代中期开始进入一个快速发展的新阶段，并取得了有目共睹的成绩。在 1996—2016 年这 20 年时间里，我国城镇化率从 30%跃升到了 50%以上，年均增长 1.1 个百分点（相当于每年增长 1 400 万左右的城镇常住人口），这一数值高于美国在城镇化快速发展时期的增长速度。

（二）发挥城镇化对中国式现代化乃至城乡融合发展的作用

城镇化是现代化的发展前提，更是一股促进国家繁荣的内需潜力和发展动能。在全面建设社会主义现代化国家新征程中，推动城镇化，尤其是以人为核心的新型城镇化，构建以城市群、都市圈为抓手的大、中、小城市协调发展格局，将有效推进中国式现代化建设乃至城乡融合的高质量发展，从而提高我国城乡居民的生活水平。

1. 以人民为中心，让全体人民共享新型城镇化成果

所谓中国式现代化，就是要以人民为中心，维护人民根本利益，增进民生福祉，不断实现发展为了人民、发展依靠人民、发展成果由人民共享，让全体人民更公平地共享现代化建设的成果。所谓新型城镇化，就是要以人为核心，并将这种思想贯穿于城镇化建设的所有过程和所有领域。推进新型城镇化建设过程中，要坚持人民城市人民建、人民城市为人民，促进城乡融合发展，加快推进城市基础设施和公共服务不断向乡村延伸和覆盖，在城镇化发展过程中不断提高人民生活质量，促进城乡共同繁荣发展，推进城乡居民共同富裕，让城市高品质生活逐渐惠及乡村。在这一过程中，需要做到以下两点。

第一，加速农业转移人口市民化，全力提升新型城镇化质量。党的二十大明确提出了以人为中心的发展思想，因此，新型城镇化首要解决的是“城市人”的问题。据统计，2021 年，我国户籍人口城镇化率是 46.7%，常住人口城镇化率是 64.7%，二者之间相差 18 个百分点，涉及人口数量为 2.5 亿人左右，这表明，我国有 2.5 亿人是没有户口的“城市人”，他们虽然是统计意义上的城镇常住居民，但却不是拥有城市户籍的真正城市人。这一现象表明，我国的城镇化存在“夹生”成分，城镇化质量有待考察。基于此，将推进农业转移人口市民化作为新型城镇化的首要任务势在必行，应重点针对存量未落户人口深化户籍制度改革，有序放开放宽城市落户限制，除极少数超大、特大城市外，在全国范围内建立以经常居住地登记户口制度，健全常住地基本公共服务制度，推进城镇基本公共服务覆盖所有常住人口，促进农业转移人口高质量融入城市发展，共享城镇化发展成果。

第二，促进城乡融合发展，促进城乡共同繁荣。当前，我国城乡要素仍

然存在着许多亟待解决的问题，比如流动不顺畅、公共资源配置不合理等。若想在深层次上促进城乡的共同繁荣，就必须从深化农村土地制度改革、完善城镇住房制度等方面入手，创新美丽乡村建设投融资机制，为统筹推进乡村振兴战略和新型城镇化战略提供科学合理的制度保障。另外，要想方设法破除体制机制弊端，促进城乡要素自由流动、平等交换和公共资源合理配置，推动城镇基础设施向乡村延伸、公共服务和社会事业向乡村覆盖，加快形成工农互促、城乡互补、全面融合、共同繁荣的新型工农城乡关系，加快推进农业农村现代化，这需要做到优先发展农业农村，协调推进乡村振兴战略和新型城镇化战略，缩小城乡发展差距和居民生活水平差距，完善产权制度和要素市场化配置。

2. 以“点”带“面”，构建大中小城市协调发展格局

我国人口规模巨大，这是无论是中国式现代化还是新型城镇化都无法规避的问题。当前，我国城镇化率已超过60%，而且每年仍有超过1 000多万的人口从农村转移到城市。因此，我国的新型城镇化，是人口规模巨大的城镇化，构建规模结构合理、功能定位协调、相互之间有机联系的城市发展格局是推进新型城镇化发展的重中之重。目前，我国经济发展的空间结构正在发生深刻变化，中心城市和城市群正在成为承载发展要素的主要空间形式。各类要素不断向中心城市和城市群集聚，为促进优势地区集中集约发展提供了要素支撑，并且也有利于缓解其他地区人地关系紧张的压力，有利于形成以城市“点”上高质量发展带动区域“面”上高水平保护的发展格局，促进经济社会与自然环境协调发展，通过新型城镇化有力支撑人与自然和谐共生的中国式现代化建设。

第一，城市功能要加速完善，城市品质需要持续提高。新型城镇化的发展，“面子”“里子”都要兼顾。要做好城市传统基础设施的改革、新型基础设施铺设以及新城区建设等工作，加快城市更新的速度，提高城市规划、建设、治理水平，提升城市品质，打造宜居、韧性、智慧城市，切实提升城市人民的生活品质。对于超大特大城市的发展而言，应充分依托好山水生态廊道，合理划定城市增长边界，避免粗放扩张，因地制宜培育发展副中心和卫星城，促进超大特大城市非核心功能有序疏解，形成多中心支撑、多功能联动的组团式发展格局。对于中小城市发展而言，其基础设施改造工作极其重要，要不断提高中小城市“聚人”和“聚产”的能力，通过以城聚产、以产兴城、产城融合发展，促进中小城市内生发展动力的生发，从而更好地提升中小城市发展质量。对于能对城乡融合发挥纽带作用的县城而言，依托其发展态势做好“查缺补漏”工作至关重要，助力县城发展质量的提升，可以以下列措施为抓手，比如提升完善县城产业配套设施、市政公用设施、公共服务设施、环境基础设施，从而提高县城的综合能力和城市质量。

第二，集聚生产要素，发挥中心城市和城市群的引领带动作用。当前，我国城镇化的战略空间格局基本可以概括为“两横三纵”。在这一格局下，京津冀、长三角、珠三角、成渝等集聚了我国70%以上人口和80%GDP的19个城市群被串联起来，成为一股承载我国高质量发展的强劲力量。未来的新型城乡发展过程中，要做到的是，顺应经济发展规律和城镇发展规律，进一步推进生产要素向中心城市和城市群集聚，促进中心城市和城市群集中布局和集约发展，形成以中心城市带动城市群，以城市群支撑区域发展的格局，通过城市“点”上的高质量发展带动区域“面”上的高水平保护，为建设人与自然和谐共生的中国式现代化提供有力支撑。

三、把实施乡村振兴战略摆在首要位置

2021年的中央1号文件主题是乡村振兴，“十四五”规划和2035年远景目标纲要也要求：“坚持农业农村优先发展，全面推进乡村振兴。”国家对乡村振兴如此重视实际暗含了一个问题，那就是目前我国的乡村发展不容乐观，因此需要建设、改革和振兴。中国农业大学教授李小云认为，乡村振兴实质上是个国家现代化的问题，是一个落后的农业国向现代化工业国转变的问题——这也意味着，乡村能否振兴，在很大程度上还取决于工业化和城市化推动。

乡村振兴的重点，是要转变乡村的发展状态，从一个只能被动提供劳动力、资本、原材料的状态，转变为一个主动发展的状态，成为我国社会经济中的有机组成部分。这一目标的达成，需要城乡实现融合。

（一）乡村振兴战略的含义

中央相关文件中为乡村振兴拟定了6个维度，分别是：①加强党对“三

农”工作的领导，保证实施乡村振兴战略有一定的政治保障；②强化规划引领，科学判断乡村发展的阶段性特征，规划先行、分类指导，打造差异化以及个性化乡村；③推动重大战略、重大行动和重大工程，实施质量兴农和数字乡村战略，打好打赢脱贫攻坚战，并实行农村环境治理整治行动，推动整治土地、建设高标准农田、生态系统保护和修复等工作；④提供全方位的制度性保障，巩固以及完善农村基本经营制度，深化改革农村土地制度，并深入推进农村集体产权制度的改革，完善农业支持保护制度，同时全面建设职业农民制度；⑤解决“钱从哪儿来”的问题，建立健全财政投入保障制度，推动农村金融改革，并制定金融机构服务乡村振兴考核评估制度；⑥实行乡村振兴战略责任制，建立实绩考核制度，党政一把手负责对领导干部推进乡村振兴的成效进行监督考核。

乡村振兴本质上是国家现代化的问题，其中的内涵包括两个方面：首先，乡村振兴是借鉴西方现代化要素并参考其国家现代化进程的过程；其次，乡村振兴乃至国家现代化的实现须依靠中国共产党。我国当前仍然处于追求现代化的过程当中，因此，乡村振兴的属性是一个落后的农业国向现代化工业国转变的问题。这意味着，乡村能否振兴在很大程度上还取决于工业化和城市化推动，这是一个发展范式和路径依赖的问题。

（二）实施乡村振兴的原因

第一，在工业化和城市化的催化下，乡村的价值正在一点点被消解，对于我国这样一个拥有长期农耕文明的国家来讲，这是一个很可怕的事情，因此，采取措施复兴乡村的价值是非常有必要的。当然，这种复兴并不是简单意义上的复古，而是想方设法提高乡村价值的过程，即乡村振兴的过程。

第二，伴随着社会发展，农村的功能正在悄然发生变化。如今的农村已不再是过去那个人们争相逃离的地方，而是一个方方面面都在发展的地方。农村不仅仅有农业生产，还有衍生的各种产业和加工业等，这些都在吸引着越来越多的人回到农村。然而，不容忽视的是，农村的公共服务、基础设施等，都远远落后于城市，许多不方便的地方很容易令那些计划返乡的人望而生畏，因此，乡村需要振兴。

第三，当前，我国人均 GDP 达到 8.2 万元，超过 1 万美元，说明我国的经济发展水平达到了一个有可能补偿农村、农业和农民的条件——高报酬部门的不断增长为低报酬部门提供补偿成为可能。而且，多年来，伴随劳动力、资本等向城市的出逃，乡村开始显现出稀缺性，其相对价值也相应提升了。不过，乡村却面临一种十分尴尬的境遇，相对于城市各方面都落后的现实使其价值的发挥遭遇瓶颈。除此之外，我国的城市发展水平始终无法完全吸纳乡村转移的人口，乡村问题开始出现。

第四，改革开放以来，我国发展平稳，百姓安居乐业。然而，2020 年初袭来的新冠疫情却让老百姓陷入寻找社会安全点的思考，于是乡村作为“压舱石”的概念被提了出来，乡村的意义在于安定国民。因此，乡村振兴可能还会有这样一种未被表述的社会考量。

（三）乡村振兴与城乡融合的关系

乡村振兴与城乡融合并不存在简单的因果关系，它们之间互促互进。乡村振兴，可以认为是城乡融合的过程。实现了乡村振兴，城乡融合便自然形成了。通过乡村振兴，可有效补齐农业农村发展的短板，缩小城乡差距，实现城乡平衡充分发展。城乡融合的关键，是乡村产业振兴。新时期的乡村，要将促进新业态的发展作为发展重点，只有乡村变成一个综合性的就业空间，城乡差距才会逐渐缩小。当农村有了产业，有了基础设施的改善，就能进一步吸引人才，改变人才结构。人才是乡村振兴的关键。可是，人才流失是这些年乡村一直存在且没有得到妥善解决的问题。

不可否认，农民是乡村建设过程中的主要角色，但必须认识到的是，乡村不只是农民的乡村，也是城市人的乡村，乡村是为全社会建的，这便是对城乡融合、城乡一体化的最简约解释。基于此，城乡融合的格局应该是：越推动新型城镇化，越有利于带动乡村振兴。我国过去的发展中，只看到了城市化工业化的作用，却没有对城乡之间形成有机联系进而带来的效益产生充分的认识，更没有意识到乡村是国家工业化的一个积极的能动的部门，而乡村振兴恰好是城乡发展的一座桥梁，做好乡村振兴，城乡融合必不会远了。

第四章　城乡融合发展的评价指标体系

城乡融合发展是推动我国高质量发展的关键内涵，是实现乡村振兴和共同富裕的重要抓手。开展城乡融合现状评价，建立城乡融合发展评价体系，对于发展城乡融合理论、指导城乡融合实践具有重要意义。

第一节　城乡融合发展评价指标体系的构建

一、构建原则

城乡融合发展评价指标体系以 7 个原则为前提，分别是科学性原则、客观性原则、可行性原则、相关性和整体性相统一的原则、系统性与层次性相统一的原则、指导性原则、全面性和代表性相统一的原则。在以上原则之下，城乡融合发展评价指标体系才能得以实现对城乡经济协调发展水平和成因的科学评价。

第一，科学性原则。这一原则要求城乡融合发展评价指标体系的构建需遵从城乡经济协调发展的规律，以充分认识、系统科学研究为前提，要体现出科学发展观，要贴合城乡经济协调发展的规律，要覆盖城乡融合发展目标的内涵乃至实现程度，要有可有机统一的规模性指标、结构性指标、功能性指标。另外，设置指标时，要简洁明了，要易于理解，要对指标的难易程度、可靠度进行综合考量，要宏观考察数据，注意选取具有代表性的综合性指标和重点指标。

第二，客观性原则。这一原则要求城乡融合发展评价指标体系的构建能够客观真实地对城乡经济发展情况进行反映，既要有宏观指标，又要有微观指标，从而使指标体系具备抽象与具体相结合的特性。

第三，可行性原则。这一原则要求城乡融合发展评价指标体系的构建指标符合可量化和易得两个条件。另外，在指标的选取上，所有指标的来源都必须权威可靠，且具备可选性和可获得性。满足以上要求，才能使整个评价指标体系体现定性与定量的有机统一。

第四，相关性和整体性相统一的原则。这一原则要求城乡融合发展评价指标体系的构建要有利于对城乡系统进行整体性的框架把握，指标选取要相互联系，并形成一个有机整体。

第五，系统性与层次性相统一的原则。这一原则要求城乡融合发展评价指标体系的构建要拥有既相互联系又相互独立的不同层次，原因在于，城乡融合是一个复杂的系统，它由不同层次和很多要素组成，对其进行考量就必须对这些要素进行充分把握。

第六，指导性原则。这一原则要求城乡融合发展评价指标体系的构建要实现理论与实践统一，具备导向功能和纠偏功能，以更好地指导城乡经济协调发展实践。

第七，全面性和代表性相统一的原则。这一原则要求城乡融合发展评价指标体系的构建要以能够全面反映影响城乡融合发展各个方面为目的，同时，对于要表达的各个子系统，指标选取应强调代表性、典型性，避免选择意义相近、重复的指标，使指标体系简明易用。

二、基本框架

依据本书前述构建原则以及城乡经济发展规律，加之有关研究成果，本书认为，城乡融合发展评价指标体系应包含规模性指标、结构性指标和功能性指标。其中，规模性指标是一种结果性指标，是对城乡经济协调发展的规模进行反映的指标；结构性指标是一种标的原因的指标，是对城乡经济协调发展的结构进行反映的指标；功能性指标是一种标的基础的指标，是对城乡经济协调发展的功能进行反映的指标①。这些指标一定程度上揭示了城乡经济协调发展的因果关系。参考国内相关研究成果，本书拟从 5 个维度——经济、社会、文化、生态、城乡空间来进行城乡融合发展评价指标体系的构

① 周凯，2012. 中国城乡融合制度研究［D］. 长春：吉林大学 .

建。每个维度下，都有二级指标。经济维度下二级指标有 3 个，分别是人均生产总值、城乡人均可支配收入比和二元结构系数；社会维度下的二级指标有 2 个，分别是城乡恩格尔系数差异和城乡人均消费支出比；文化维度下的二级指标有 2 个，分别是城乡文化教育娱乐消费支出比和文化体育娱乐业固定资产投资比重；生态维度下的二级指标有 3 个，分别是森林覆盖率、农村卫生厕所普及率和耕地面积占比；城乡空间维度下的二级指标有 2 个，分别是公路网密度和城乡交通通信消费支出比。

第二节　城乡融合之灰色关联分析

一、灰色关联分析的内涵

城乡经济的发展涉及社会系统、经济系统、农业系统、生态系统等多种抽象系统，这些系统包含多种因素，判断这些因素的各种特性，比如是主要的还是次要的，是影响大的还是影响小的，是需要发展的还是需要抑制的，是明显的还是潜在的，等等，是一个庞大且复杂的工程，因此需要一个实用且易操作的方法来进行判断和筛选。

传统的因素分析方法大多为统计方法，这种方法对样本量的要求比较大，而且被分析的因素必须是典型分布，应用过程中计算量非常大，而且计算过程复杂烦琐，一个误差都有可能导致严重的错误，导致前功尽弃。因此，选用算法、过程相对简单的灰色关联分析法不失为一个明智之选。

灰色关联分析法是按照事物的发展趋势做出分析，对样本的数量和分布规律没什么要求，计算量相比传统的统计方法要简便得多，结果和定性分析的结果吻合，而且灰色关联分析还可以对事物之间相关的实质和内涵进行比较深刻的剖析，因而，这种方法是比较可靠和实用的分析方法。

灰色关联分析的基本思想是根据序列曲线几何形状的相似程度来判断不同序列之间的联系是否紧密，它的基本思路是通过线性插值的方法将系统因素的离散行为观测值转化为分段连续的折线，进而根据折线的几何特征构造测度关联程度的模型。折线几何形状越接近，相应序列之间的关联度就越大，反之就越小。

二、灰色关联分析计算步骤

灰色关联分析的计算步骤分为五步——确定分析数列；变量的无量纲化；计算关联系数；计算关联度；关联度排序。

第一步：确定分析数列。

进行灰色关联分析的第一步，就是要选择可以反映系统特征行为的数据数列，即分析数列，分析数列包括参考数列和比较数列。参考数列又称母序列，是用以反映系统行为特征的数据序列，它是系统分析中最为重要的因素，是讨论问题的关键所在。比较数列是确定反映系统行为特征数据序列，又称子序列。

设参考数列为 $Y=\{Y(k)\mid k=1，2，\cdots，n\}$；比较数列 $X_i=\{X_i(k)\mid k=1，2，\cdots，n\}$，$i=1，2，\cdots，m$。

第二步：变量的无量纲化。

进行灰色关联分析时，所使用的数据常常因为量纲不同出现无法比较或者不易得出正确结论的情况，这时就需要对数据进行无量纲化处理。数据无量纲化处理公式如下：

$$x_i(K)=\frac{x_i(R)}{x_{i(l)}}(k=1,2,\cdots,n;i=0,1,2,\cdots,m)$$

第三步：计算关联系数。

关联系数是比较数列与参考数列在各个时刻（曲线中的各点）的关联程度值，x_0（k）与 x_i（k）的关联系数计算公式如下：

$$\xi_i(k)=\frac{\min\limits_i\min\limits_k\left|y(k)-x_i(k)\right|+\rho\max\limits_i\max\limits_k\left|y(k)-x_i(k)\right|}{\left|y(k)-x_i(k)\right|+\rho\max\limits_i\max\limits_k\left|y(k)-x_i(k)\right|}$$

记Δ_i（k）$=\left|y(k)-x_i\right.$（K）$\left.\right|$，则：

$$\xi_i(k)=\frac{\min\limits_i\min\limits_k\Delta_i(k)+\rho\max\limits_i\max\limits_k\Delta_i(k)}{\Delta_i(k)+\rho\max\limits_i\max\limits_k\Delta_i(k)}$$

$\rho\in(0,\infty)$，称为分辨系数。ρ 越小，分辨力越大，一般 ρ 的取值区间为（0，1），具体取值可视情况而定。当 $\rho\leqslant 0.546\,3$，分辨力最好，通常取 $\rho=0.5$。

第四步，计算关联度。

关联度指的是两函数相似的程度。关联系数因其特性决定了它不是一个固定的值，而是多个值，因而使用关联系数难以对数据序列进行整体性的比较，故而在实际应用时，通常会求取关联系数的平均值，作为比较数列与参考数列间关联程度的数量表示，关联度 r_i 公式如下：

$$r_i = \frac{1}{n}\sum_{k=1}^{n} \xi_i(k)(k = 1,2,\cdots,n)$$

第五步，关联度排序。

在算出 $X_i(k)$ 序列与 $Y(k)$ 序列的关联系数后，计算各类关联系数的平均值，平均值 r_i 就称为 $Y(k)$ 与 $X_i(k)$ 的关联度。关联度按大小排序，如果 $r_1 < r_2$，则参考数列 y 与比较数列 x_2 更相似。

三、举例

依据上述城乡融合发展评价指标体系的构建原则、基本框架，以及灰色关联分析方法，本书以河南省城乡融合发展水平为例，对城乡融合发展评价指标体系的构建和应用予以说明①。

（一）数据的搜集与整理

设定河南省城乡融合发展水平为参考序列，即因变量，设为 Y_0；设定河南省城乡融合影响因素和城乡融合发展指数的原始数据为比较序列，即自变量，设为 X_i（i=1，2，3，4，…，n）。具体数据见表 4-1。

（二）数据的无量纲化处理

本书选取的指标其计量单位存在差异性，因此采取初值化法去除指标量纲，以此消除量纲对数据分析的影响。

（三）关联系数的计算

计算关联系数的目的是判断不同比较序列和参考序列之间关系的紧密程度。计算公式如下：

---

① 本次评价的数据来源是《中国农村统计年鉴》《中国环境统计年鉴》和河南省有关统计年鉴，时间跨度为 2003 年至 2018 年。

表 4-1 河南省城乡融合发展影响因素相关数据

指标	年份															
	2003	2004	2005	2006	2007	2008	2009	2010	2011	2012	2013	2014	2015	2016	2017	2018
X_1	7 376	9 228	11 383	13 225	16 067	19 233	20 668	24 516	28 742	31 586	34 304	37 166	39 209	42 341	46 674	50 152
X_2	3.098	3.018	3.02	3.008	2.98	2.97	2.990	2.884	2.755	2.717	2.424	2.375	2.357	2.328	2.324	2.305
X_3	0.14	0.172	0.169	0.155	0.163	0.174	0.182	0.192	0.187	0.191	0.201	0.187	0.19	0.180	0.175	0.179
X_4	14.6	13.6	11.2	7.8	3.4	3.5	1.8	4.2	2	0.2	1.2	0.792	1.1	0.484	0.385	1.01
X_5	3.275	3.181	3.192	2.999	2.924	2.903	2.823	2.943	2.856	2.729	2.634	2.224	2.175	2.107	2.108	2.020
X_6	3.914	4.133	4.523	4.266	4.41	4.621	4.479	4.549	4.942	4.436	2.99	2.272	2.34	2.191	2.161	1.981
X_7	0.61	0.498	0.9	0.755	0.938	0.923	1.158	1.005	0.652	0.885	1.04	1.031	1.062	1.378	1.477	1.6
X_8	12.52	16.19	16.2	16.19	16.19	16.19	20.16	20.16	22.7	22.98	21.5	23.4	23.6	24.2	24.5	24.9
X_9	43.037	42.979	43.121	43.128	43.125	43.127	49.054	48.967	48.874	48.843	48.747	48.659	48.538	48.569	48.577	48.852
X_{10}	59.76	60.2	61.1	63.63	64	68.02	69.1	69.8	71.1	72.9	74.3	75.3	76.6	80.3	75.228	81.15
X_{11}	44.21	45.34	47.608	141.528	142.92	144.099	145.098	146.76	148.256	149.49	149.599	149.615	150.05	160.144	160.362	160.832
X_{12}	5.330	4.703	3.986	3.451	3.185	3.147	3.334	3.425	3.678	3.295	2.613	2.018	1.931	1.647	1.822	1.952
Y_0	33.506	35.4	37.605	39.584	41.88	43.616	45.611	46.967	48.742	50.316	51.838	52.265	53.925	55.05	56.65	58.155

$$\varepsilon_{ij} = \frac{\min\min|y_{i0} - x_{ij}| + \rho\max\max|y_{i0} - x_{ij}|}{|y_{i0} - x_{ij}| + \rho\max\max|y_{i0} - x_{ij}|}$$

$$(i = 1,2,\cdots,16; j = 1,2,\cdots,12)$$

公式中，$\min\min|y_{i0}-x_{ij}|$ 表示参考序列与比较序列对应元素的两级最小值，$\rho\max\max|y_{i0}-x_{ij}|$ 为参考序列与比较序列对应元素的两级最大值；ρ 为分辨系数，取值在 0 到 1 之间，一般取 0.5；ε_{ij} 为参考序列与比较序列之间的关联系数。

（四）关联度的计算

通过上述计算，就可以得出比较数列和参考数列之间的关联度，计算公式如下：

$$R_j = \frac{1}{m}\sum_{i=1}^{m}\varepsilon_{ij}\text{（本书中 } m = 16\text{）。}$$

计算得出的 R_j 值越大，说明比较序列和参考序列之间的关联度越大，说明这项指标对城乡融合发展的影响度越高，反之亦然。根据以上数据和计算公式，得到河南省城乡融合发展影响因素的关联度，并对其排名，如表 4-2 所示。

表 4-2　河南省城乡融合发展影响因素的关联度及排名

指标	二元结构系数	森林覆盖率	农村卫生厕所普及率	文化体育娱乐业固定资产投资比重	耕地面积占比	城乡文化教育娱乐支出比	城乡人均可支配收入比	城乡人均消费支出比	城乡交通通信消费支出比	城乡恩格尔系数差异	公路网密度	城乡人均 GDP
关联度	0.941	0.926	0.919	0.896	0.892	0.860	0.838	0.824	0.767	0.712	0.649	0.595
排名	1	2	3	4	5	6	7	8	9	10	11	12

四、结果分析

从表 4-2 可以看出，二元结构系数排名第一，关联度 0.941，表明城乡二元结构对河南省城乡融合影响较大。这一特征在原始数据中也有所体现。历史数据表明，河南省城乡融合发展水平随着该省城乡二元结构的改善逐年提升，说明当农业产业和非农业产业比较利益不平衡降低时，将有利于城乡差距的缩小，对城乡协调发展起到正向促进作用。

其余指标中，生态融合指标中的森林覆盖率、农村卫生厕所普及率和耕地面积占比分别排名第二位、第三位和第五位；文化指标中的文化体育娱乐业固定资产投资比重和城乡文化教育娱乐消费支出比分别排名第四位和第六位。这表明城乡融合发展过程中，生态文明建设和文化教育不容忽视。

一般而言，城乡在经济、生产、生活、消费等方面的差异越小，就证明城乡发展越协调，所以，城乡融合发展评价指标体系中那些体现城乡差距的逆向指标，比如城乡人均可支配收入比、城乡人均消费支出比、城乡交通通信消费支出比、城乡恩格尔系数差异等，和河南省城乡融合发展指数呈现的都是中下水平的关联度。城乡人均GDP与公路网密度的关联度排名靠后的原因，需利用原始数据进行分析。原始数据中，河南省城乡融合发展的速度明显滞后于公路网密度和城乡人均GDP，这表明，相比河南省内的交通建设水平和经济增长速度，河南省的城乡融合发展速度要落后许多。

第三节　城乡融合结果分析与结论

基于以上分析以及其他省市在城乡融合方面的成功经验，本书认为，助力城乡融合，应从以下几个方面入手。

一、助力城乡融合，要从基础设施和公共服务入手

基础设施是经济社会发展的重要支撑，良好的基础设施条件有利于增强经济活力。纵观我国近年来的发展，基础设施对经济增长的促进作用越来越不可忽视。《“十四五”全国城市基础设施建设规划》（以下简称《规划》）提出，“十四五”时期，我国在城市基础设施方面有四个重点任务：第一，推进城市基础设施体系化建设，增强城市安全韧性能力。第二，推动城市基础设施共建共享，促进形成区域与城乡协调发展新格局。第三，完善城市生态

基础设施体系，推动城市绿色低碳发展。第四，加快新型城市基础设施建设，推进城市智慧化转型发展。另外，“十四五”时期，乡村建设将是我国社会主义现代化建设的重要工作，我国将实施六大乡村公共基础设施建设工程：第一，农村道路畅通。第二，农村供水保障。第三，乡村清洁能源建设。第四，农村物流体系建设。第五，农村人居环境整治提升。第六，乡村信息基础设施建设。基于此，促进城乡融合之路首先应积极促进城乡之间重大基础设施的良好发展和资源共享。在促进城乡基本公共服务资源融合方面，可采取有效措施鼓励医务人员向乡村流动，从而建立起便于城乡居民共享的公共卫生和基本医疗服务体系。同样地，为了改善乡村教育资源相对匮乏的现状，可以向乡村输送优秀师资，从而建立起城乡义务教育均衡发展机制。另外，为了丰富乡村文化生活，可统筹城乡文化事业发展机制，并以此带动城市文化功能向农村延伸。

二、助力城乡融合，要从促进产业布局一体化入手

中国农业科学院刘合光认为，我国经济社会发展经历了从“乡土中国”向“城乡中国”的转变，在当前发展阶段，城乡融合是乡村产业发展的时代背景，探索乡村产业发展的新方向，绕不开城乡融合发展视角。城乡融合发展趋势为乡村产业发展提供了需求拓展空间、技术创新动力、合作共建主力。在城乡融合背景下，乡村产业将呈现出新需求空间、新发展动力、新发展机制、新产业业态、新发展边界等发展新方向①。

当前，城乡融合发展呈现三大特征：一是城乡互动是当前城乡关系的主流，二是城乡发展鸿沟呈现缩小趋势，三是城乡发展不平衡不充分尚需破解。这为乡村产业发展带来新的机遇：一是为乡村产业发展提供更广阔的需求空间，二是为乡村产业发展提供更澎湃的技术创新动力，三是为乡村产业发展带来更多具有充沛能量的合作共建主力。由此，乡村产业发展标定新方向：城乡融合发展将推动乡村产业发展在需求空间、发展动力、发展机制、产业业态、发展边界等五个方面呈现新的发展趋势。

---

① 刘合光，2022. 城乡融合发展视域下的乡村产业发展新方向［J］. 人民论坛·学术前沿（15）：62-63.

然而，不容乐观的是，乡村产业要素并未与城乡融合发展形成良好的匹配度，这主要体现在五个方面。①产业发展主体认知存在缺陷，没有对城镇、居民、产业主体的多样化需求进行全面的了解，开发新产业项目难度大。②乡村发展落后于国家发展大潮，且乡村居民对于城乡融合发展的认识普遍不足，缺乏参与其中的主动性。③乡村机制变革缓慢，与完善城乡合作共建共治共享共赢的产业发展机制推进力度匹配度不高，拖慢了借助城乡融合力量发展乡村新产业的进程。④乡村劳动力素质参差不齐，无论是对现代产业纪律的坚守，还是技术的掌握，都不是很好，这对乡村产业的发展造成了消极的影响。⑤乡村产业发展的基础设施和配套条件存在欠缺，导致随城乡融合发展大势下沉的产业落地意愿无法得到有效满足。针对上述欠缺，乡村产业主体需要做到各个击破，不断提升自身适应城乡发展趋势的能力，为乡村产业发展提供新的机遇，带来崭新的成长空间。

基于以上探讨，本书认为，乡村产业的发展应寻求新需求空间、新动力、新机制、新业态、新发展边界：

第一，乡村产业发展的新需求空间。城乡融合发展能够引导乡村产业不断走向新的需求空间。乡村产业的新需求空间包含 3 个发展方向。①乡村双创产业园。这种乡村产业发展的新需求空间解决的是城镇产业投资需求和城乡人才创业发展需求。其运作模式主要是通过对园区的有序优化来促进城镇下乡资本落地，是成就城乡人才创业之梦的摇篮。②乡村产业发展蓝图设计。这种乡村产业发展的新需求空间面向的是城乡居民日益增长的生活、娱乐等需求，发展业态极为丰富，使农村从单纯的面向农产品的需求空间扩展到更加全面的多元化需求空间。③乡村生态产业建设。这种乡村产业发展的新需求空间以乡村生态环境资源为基础，以满足城乡居民不断增长的生态价值产品消费需求为目标，与美丽乡村建设目标以及“生态宜居”方针存在一致性，是一种具备可持续性、可挖掘性、可培育性的需求空间，对于促进乡村生态环境价值的实现意义重大。

第二，乡村产业发展的新动力。乡村产业发展的新动力有三个。第一个是新市场的吸引力。城乡融合发展提供的新需求空间是开阔的新市场，非常值得乡村产业主体为之投入。第二个是新技术的驱动力。城乡融合发展既涵盖传统适用技术，又包含新技术，可为乡村产业发展和转型升级提供新技术动能。第三个是新变革的创造力。城乡融合发展的包容性将触发乡村产业方面的变革，而且主要是系统变革，比如产业发展机制、资源利用方式、资产投入模式、资金积累进程、利益分配机制、产业组织模式、企业运作方式、市场开拓机制、政策支持服务等，系统变革带给乡村产业的，不仅是翻天覆地的变化，更是急速发展壮大的机会。

第三，乡村产业发展的新机制。乡村产业发展的新机制有两个。第一个是优化信息配置机制。信息在当代经济社会中的地位不言而喻，在市场竞争中，获得信息优势基本等于获得了生存权。城乡融合发展视域下，乡村产业发展不但有了更加广阔的发展空间，而且有海量乡村产业发展信息，这些高质量信息源将促进乡村产业在市场经济大潮中的优势发展。第二个是共建共治共享共赢的发展机制。城乡融合发展为乡村产业发展提供了更多拥有产业技术、产业渠道、产业管理等资源的合作共建主体，他们与乡村主体合作，共同建设和治理产业项目，互惠互利，共享城乡融合发展、乡村振兴和产业创新的红利。这种发展机制是基于长远发展目标的多次博弈机制，以优势互促，以短长互补，以合作求发展，以合作实现共赢。在城乡融合发展时代，这种具有信息优势和合作优势的发展机制将持续推进乡村产业的发展，为发展壮大乡村新兴产业提供协调和保障支撑。

第四，乡村产业的新业态。城乡融合发展的时代，乡村产业将不断孕育新业态。首先，乡村产业破除了第一、第二、第三产业的壁垒，促进了农业、工业、服务业产业的融合发展，形成了新的乡村综合业态。乡村产业主体掌握着产业链条的增值环节，给广大农民带来了增收空间的同时，也使他们的获得感、幸福感和安全感与日俱增，这将促进产业融合的进一步发展。其次，前述提到的城乡融合发展带来的新需求空间可以促进乡村产业发展并带来新业态，通过不断增强农业的多功能性，提升乡村资源多重价值，实现农业与多业态的深度融合，从而实现乡村产业开创欣欣向荣发展新局面的目标。最后，新技术可为乡村产业业态注入新的生机。数字时代带来的是全社会的发展机会，当然，农业也不例外。数字产业新业态在乡村的落地生根，可促进智慧农业、数字农业、无人机农业的悄然兴起。区块链技术、物联网技术、硬科技等，同样可以与乡村产业相结合，在农村地区催生新的发展业态。当前，这些新发展业态有的已经在我国大地萌芽和生长，这预示了城乡融合发展给乡村产业发展带来的无限可能。

第五，乡村产业的新发展边界。在城乡融合发展时代，乡村产业发展的边界在不断延伸。城乡融合背景下乡村发展的新需求空间、新动力、新机制、新业态等，都在不断拓宽乡村产业的新发展边界。首先，在城乡融合发展助力下，乡村产业不断突破区域界限，其生产过程可遍布全国，并在发展态势稳定之后实现全球化布局；其产品和服务亦可实现远销，迈出省门、国门。其次，乡村产业发展的技术潜能仍然有不少可待发掘的空间，即便是资源短缺的地区，仍然可以依托其自然优势创建适合的产业，也许能产生出其不意的效果。超越现有技术的壁垒并进行有机组合革新，创新技术前沿并开拓产业新边界，是城乡融合发展中乡村产业的发展新方向。

三、助力城乡融合，要从生态环境入手

城市生态环境与农村生态环境看似大有不同，实际却是一个不可分割的有机整体。在进行城乡经济社会统筹过程中，需始终秉持两大观念——“生态文明”“绿色经济”，同时，同等对待农村环境保护规划与城市环境保护规划，兼顾城乡环境监测预警体系和城乡环境执法监督体系，将优化农村环境摆在重要位置，建立起城乡一体化的生态环境保护新格局，从而逐渐提高农村居民的生活环境和生活质量，保护生态环境的可持续发展。具体地，以生态环境为落脚点促进城乡融合的过程中，可适当引入社会资本，以更好地进行生态修复与城乡基础设施建设。另外，可立足乡村打造生态文化旅游基地，并以此为基础助力乡村产业向现代服务业转型，这样不但可以保护和充分利用乡村生态环境，还能提高农民收入，更能让“绿水青山就是金山银山”的理念家喻户晓。

实际上，推进城乡生态融合的进程中，会涉及很多方面，如推进生产系统和生活系统循环链接、城乡景观生态安全建设、污染集中处理等，为促进城乡生态自然熔于一炉，相衬相映，应在提高城乡居民生态文明意识上入手，健全城乡生态补偿机制，统一规划城乡人居环境，创造人与自然和谐相处的机会。除此之外，还应该想方设法改善城乡环境卫生基础设施，基于城乡之间不平衡的环卫设施实际情况进行统筹改造，建立区、镇、村三级环卫

管理体制，令城乡环卫管理走上村收集、镇中转、区集中处理的一体化之路，打造宜人乡村环境；对于垃圾处置工作，应积极做好垃圾分类，在垃圾收集、运输和处理过程中引入现代化技术，提高治理水平，减少生态环境污染；做好乡村厕所改造工作，并协助居民做好粪便处置，避免环境污染。总之，良好生态环境是农村的优势和财富，以绿色发展引领乡村振兴，才能实现百姓富、生态美的有机统一。

四、助力城乡融合，要从社会文明和生活方式入手

习近平总书记指出：城乡发展不平衡不协调，是我国经济社会发展存在的突出矛盾，是全面建成小康社会、加快推进社会主义现代化必须解决的重大问题。因此，城乡融合进程中，有必要聚焦以人为核心的新型城镇化，将推进城乡文明一体化融合发展作为解决城乡发展不平衡不协调的重要任务，作为扎实推动共同富裕的重大举措，作为促进物质文明、政治文明、精神文明、社会文明、生态文明协调发展的新要求，用统筹协调发展的思路和办法，推动城乡文明在联动与对接中相互影响和相互促进，开创以富有特色的城乡文明一体化融合发展推进共同富裕之路。

城乡文明一体化是文明发展的必然趋势。城乡一体化也意味着城乡文明一体化。城乡文明一体化，必然会改变长期实行的将城市文明和乡村文明看作是两种在各自空间范围内发生作用的不同类型的文明的做法，要大力促进城乡文明在联动与对接中相互影响和相互促进，形成城乡之间既各美其美、又美美与共的文明互促、共同繁荣的一体化文明融合发展新格局。在促进城乡融合进程中，要将城乡一体化文明作为新时代推进城乡一体化的重要内容，把城市文明建设与乡村文明建设、城市居民文明素质提升与乡村居民文明素质提升作为一个有机整体，统筹谋划，综合施策，通过体制机制改革和方针政策的调整，形成统一的城乡文明一体化建设规划、城乡文明一体化建设方略、城乡文明一体化建设格局、城乡文明一体化建设成果，从而极大地改变城乡文明的二元结构，促进在城乡文明协调均衡高质量发展中实现共同富裕。

城乡文明一体化的关键词是“文明”，是城乡人的文明素质提升。恩格斯说：文明是实践的事情，是一种社会品质。文明作为一种社会品质，是通

过全社会整体性文明发展的实践淬炼出来的。城乡文明一体化也是在社会文明一体化进程中在推动社会生活的共同富裕中实现的。实现共同富裕，必须着眼于人的文明素质提升。共同富裕既有物质生活的共同富裕，又有精神文化生活的共同富裕，也就是要做到“既要富口袋又要富脑袋”，两者有着紧密的联系。物质生活富裕是精神富足的基础，能够为精神文明建设提供物质条件；反过来看，更高水平的精神文明建设，可以为物质文明建设提供精神动力。

五、助力城乡融合，要从保持发展规划的整体性、协调性、可持续性入手

追溯我国城乡发展以往实践经验，一味地追求城乡经济发展一体化，会导致城乡发展偏离可持续发展的良性轨道，带来资源紧张、环境压力、社会矛盾等多重冲突，制约城乡的可持续发展。城乡融合的本质是城乡区域的和谐共生和可持续发展。真正意义上的城乡融合发展的实现，依赖于对传统城乡分割治理的突破，以及对城乡系统不同维度子结构及其要素平衡协调发展的促进，而这一过程，需保持城乡发展规划的整体性、协调性和可持续性。

可持续发展的核心是经济发展与环境的长期协调，不但满足当代人的需求，也能满足后代人的需求，其终极目标是提高人类福祉。因此，城乡融合发展的根本出发点和最终归宿，当是保障居民的长期生存和生活质量，并且争取经济效益的长远发展。这一过程囊括了关于物质、生态、文化、公平等多样化需求，需要通过拓展城乡融合发展的维度和深度得以实现，同时要促进城乡系统内部的可持续发展能力，并确保城乡区域和城乡参与主体之间的公平性，从而在城乡经济发展、社会保障、环境保护、文化传播等诸多层面实现全面、协调、可持续的发展。

需要注意的是，虽然平等性和公平性是新时代城乡融合发展过程中一再强调的内容，但这并不意味着城乡融合发展追求的是简单意义上的平均化和标准化。这是因为，我国幅员辽阔，每个区域的社会经济发展程度不尽相同，具有非常强烈的多样性和非均匀性，因此，各地区探索符合自身发展实际的区域城乡融合发展模式十分重要。基于此，我国在城乡融合发展过程

中，一定要对城乡之间的分工差异和功能特征给予应有的重视，将城乡发展视作一个既分工明确，又互惠互利的有机整体。各级政府应该做的是对当地的城乡经济社会发展现状、产业布局、文化底蕴、资源状况等进行充分的了解和分析，站在满足居民日益增长的美好生活需要的立场上，开拓出一条既具有地方特色，又符合发展需要的城乡融合发展之路。

第五章 资本流动视域下城乡融合发展

城乡融合必然涉及资本。资本按照归属可以分为国家资本和私人资本。相对国家资本，私人资本的逐利行为更加突出。在城乡融合过程中，如果不对私人资本的无序扩张进行有效的管控，那么，私人资本的逐利本性必然会导致资本的流向仅仅是占据优质资源的乡村，而对于广大缺乏资源禀赋的乡村，要实现乡村振兴，实现城乡融合，基本上要靠国家投入。从日本农协模式未能实现城乡融合到巴西资本绑架农业，可以看到资本的力量，因此城乡融合要警惕私有资本，要合理推动资本要素在城乡间双向流动和平等交换。

第一节 “三农”领域非合作博弈风险

一、日本农协的另一面

日本农协即日本农业协同工会，第二次世界大战后根据《农业协同组合法》正式诞生①。日本农协成立的初衷是为了维护日本农业安全和日本农民利益，但是农协的发展越来越背离初衷，成了一个大型的、垄断的、排他性的跨多种行业的利益集团，而农民利益与国家农业安全被极度弱化。日本农协确实在某些方面在某些历史阶段一定程度上维护了农民利益，然而日本的农业制度被学者们过度美化，实际情况与数据呈现的结论完全相反。表 5 - 1 是关于或涉及日本农协研究的部分中文核心期刊（CSSCI 和北大核心）对日本农协的评价；表 5 - 2 是关于或涉及日本农协的部分学位论文对日本农

① 李晶，2019. 稻作传统与社会延续［M］. 生活·读书·新知三联书店：252.

协的评价。

表5-1　部分中文核心期刊论文对日本农协的评价

标题	发表时间	出版杂志	对日本农协的评价
日本农协六次产业化对中国农民合作社产业化发展的启示	2022年7月	《世界农业》	正面评价，对日本农协制度认可度较高
日本农协信用合作治理与风险防控的经验借鉴	2020年3月	《亚太经济》	充分肯定农协金融功能，认为对我国农村金融有借鉴意义
日本农协理性：合作属性与垄断属性的相辅相成	2019年7月	《世界农业》	农协的合作与垄断相辅相成，是农协的理性的根本内涵
日本农业发展模式及其对苏南乡村农业发展的启示	2018年11月	《农业经济》	学习日本农协经验
农村社会发展国际比较与中国借鉴	2018年3月	《河南社会科学》	促进农村发展与进步
日本农协在农产品市场营销中的新战略及启示	2018年1月	《商业经济研究》	提倡借鉴日本农协战略
新《农协法》颁布后日本农协全面改革探析	2018年1月	《现代日本经济》	分析农协改革原因，认识到农协部分问题
日本农村合作金融发展、改革及启示	2017年5月	《现代日本经济》	农协金融对我国农村普惠金融具有借鉴意义
日本综合农协改革事例评析	2017年3月	《世界农业》	认识到农协缺陷与改革的迫切性

表5-2　研究日本农协的学位论文对日本农协的评价

学位论文标题	授予学位年	授予单位/学历层次	对日本农协的评价
日本城镇化对城乡收入差距影响的实证研究以及对中国的启示	2022年	兰州财经大学/硕士	农协作用巨大，维护了农民利益，中国应借鉴
日本农业收入保险制度研究	2022年	吉林大学/硕士	肯定农协作用，认识到农协的封闭性和垄断性
供销合作社系统新型农村合作金融体系建设研究	2020年	中国社会科学院/硕士	农协金融制度完善，机制好，中国应借鉴

（续）

学位论文标题	授予学位年	授予单位/学历层次	对日本农协的评价
江苏“农技协”农业社会化服务现状及对策研究	2017年	南京农业大学/硕士	简述了农协与政治势力相互利用，但认为农协优越，对江苏有借鉴意义
浅析农协对日本农村经济发展的影响	2015年	中共中央党校/硕士	肯定了农协正面作用，认识到其使农产品价格虚高、推高进口农产品关税的消极面
日本农协直销所运营现状与功能研究	2015年	曲阜师范大学/硕士	日本农协直销所作用巨大，值得借鉴
战后日本农协发展史研究	2009年	南京农业大学/博士	农协总体是成功的

综合表5－1和表5－2的信息，中国研究有关“三农”领域的学者大多数比较推崇日本农协模式。他们认为日本农协维护了农民利益，是成功的先进的进步的“三农”发展模式，中国应该发展自己类似日本农协的“三农”模式。只有少部分学者涉及了日本农协的弊端，例如垄断性、排他性和封闭性。多数学者普遍支持日本农协模式，本质上是对日本农协的理想主义色彩的反映，并普遍受到媒体和社会舆论的影响。这种思想将对中国的“三农”发展产生极大影响，并影响城乡融合发展，如何正确看待日本农协是一个重要的社会议题。正确认识日本农协必须回答以下几个问题：

（1）农协是否维护农民利益？

（2）农协是否维护全民利益，是否让农业服务于全体人民？

（3）农协是否让国家粮食安全更有保障？

舆论界和学术界都在论证日本农协的优越性，似乎面对中国“三农”问题和乡村融合势必要建立类似日本农协的中国农村组织。然而日本的数据并不支持大多数中国“三农”领域内学者的观点。

首先，日本农协是否维护了农民利益呢？农民利益需要维护的原因在于工农差异和城乡差异，工业效率远大于农业效率，城市的人口和人才聚集效应同样是乡村不具备的。效率差异导致工业创造的财富价值在无外力干预的情况下远大于农业，这种情况下农民处于资本财富边缘，生活状况得不到应有的改善，乡村社会将无法享受到现代社会发展的文明成果。这种低效率低财富创造能力的农业会极大降低乡村对人口的吸引力，当城市可以接纳更多人口时，农村优质人口会流向城市，竞争力不足的“老、弱、病、残”将继续留守农村，最终造成农村空心化、老龄化，加快农村人口流失。图 5-1 是 2000 年以来日本农业人口的变化，可以看出无论是农业人口总数还是农业人口在全部人口中的占比都呈现下降趋势。截至 2019 年，日本农业人口从 2000 年的 389 万人下降到只有 168 万人，降幅超过 56.8%。同时，2019 年日本农业人口的平均年龄是 66.8 岁，65 岁以上的农民占比 70.2%[①]。

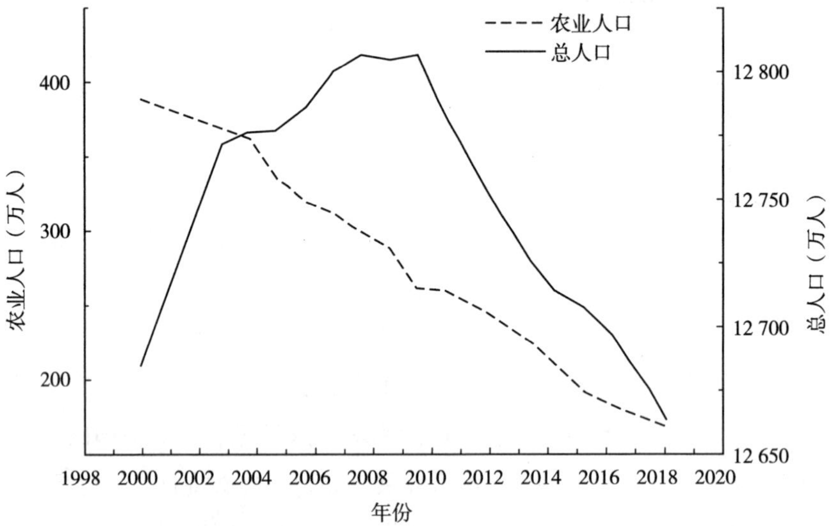

图 5-1　2000 年以来日本农业人口变化[②]

以上数据表明，日本乡村空心化严重，从事农业的绝大多数是 65 岁以上的老人，农业农村农民对年轻人几乎没有吸引力，这种现象与中国大多数农业相关学者观点背道而驰；如果日本农协真的维护了日本农民的利益，如果乡村农业劳动者真的与城市居民一样或者更具幸福感，农村就不会大规模“空心化”“老龄化”，农村就会对年轻人有吸引力，事实是日本农民越来越不愿意从事农业，出现了逃离农村现象。至少，日本农协模式并没有使乡村

① 数据引自日本农林水产省官网统计。

② 总人口数据引用自世界银行数据：https：//data.worldbank.org.cn/，数据截至 2023 年 1 月；农业人口数据总结来自日本农林水产省。

“越来越好”，农民们在“用脚投票”。日本农业人口演变数据不支持日本农协维护了日本农民利益的结论。

其次，日本农协是否维护全民利益，是否让农业服务于全体人民呢？农业是农民的农业，也是全体人民的农业，这并不矛盾。日本农业产品价格奇高无比，无论主粮还是水果肉蛋奶，日本全体国民被迫承受高价农产品。农协通过垄断销售渠道，垄断作物种植种类，严格控制日本农民，并掌握农产品定价权。农民虽然是自愿加入农协，但是任何退出农协的农民，由于农协的各种“手段”，都无法实现自主性种植和经营农产品。农协低价从农民手中收购农产品，高价卖给全体日本人民，中间存在巨大价格差，虽然通过补贴一定程度上提高了农民收入，相比补贴资本，更多资本并未流入农民群体。

最后，日本农协模式是否让国家粮食安全更有保障呢？日本 2021 年度粮食自给率仅为 38%[①]，曾经的日本粮食自给率可以达到 70%以上。自给率的下降，除了日本人民饮食结构发生变化外，更多的还是因为日本农业生产效率在多种因素作用下下降较快。

综上所述，中国“三农”相关学者和舆论对日本农协的认知出现偏差，日本农协不仅没有维护农民利益，更没有维护全民农业利益，一个垄断的、封闭的、与政治集团“勾结”的利益集团将会极大破坏农民利益与农业安全。显然，日本农协模式并没有打破城乡差异实现城乡融合。所以，日本农民特别是年轻人要逃离农村，城市与乡村资源并没有形成有益的流动，日本农协模式应该被理性“批判”。

二、巴西之殇——资本绑架的农业

2021 年 9 月巴西工人占领圣保罗市证券交易所抗议饥饿、金融通胀与失业（图 5-2），很难想象金砖国家巴西人民会陷入饥饿状态。巴西地处南美洲，除南部亚热带区域以外大部分国土都处于热带区域，水热条件充足，十分适合农作物生长。

---

① 数据引自日本农林水产省。

图 5-2　抗议饥饿、通胀和失业的巴西工人①

巴西平原面积十分辽阔，境内多条河流交错；其中亚马逊平原年平均气温 25～27℃，南部地区年平均气温 16～19℃，十分有利于农作物的生长，多数地区的农作物可以一年多熟。巴西的人均耕地面积 0.39 公顷，比世界平均水平高 50%②，是中国人均耕地面积 0.09 公顷的 4.3 倍③。根据巴西的土地资源和自然条件，正常情况下巴西不可能发生大规模饥荒。然而，根据法新社的报道，2022 年 6 月发布的一份报告显示，过去两年，巴西生活在饥饿中的人数猛增 73%。这份由巴西粮食安全研究网络发布的报告称，巴西约有 3 310 万人生活在饥饿之中，这意味着 15.5%的家庭食不果腹。报告还显示，巴西全国一半以上的人口，约 1.25 亿人处于粮食无保障状态，他们不知道自己是否能够吃到一日三餐④。

如此不可能的情况下，巴西人民陷入饥荒，一半以上的人民粮食无保障，讽刺的是巴西因为独特的自然条件一直是产粮大国。巴西每年向国际粮食市场出口大量农产品，是世界主要粮食出口国之一。根据巴西《经济价值报》2022 年 1 月 17 日消息，2021 年巴西农产品出口达到创纪录的 1 206 亿

---

① 摘自 2021 年 9 月 25 日《央视新闻》：抗议失业和饥饿巴西工人组织占领圣保罗市证券交易所。

② 刘拥军．外国农业经济［M］．北京：中国农业大学出版社，2019：61。

③ 数据来源：中央纪委国家监委网站：贯通自然资源行政监督和纪检监察监督整治乱占耕地［EB/OC］，https：//www.ccdi.gov.cn/toutiaon/202207/t20220721_206268.html，2022 年 7 月发布。

④ 网易号：环球参考：不可思议！农业大国巴西发生严重饥荒［EB/OL］，https：//www.163.com/dy/article/HMABBIVE0552FDOB.html，2022 年 11 月发布。

美元。巴西农产品贸易顺差为 1 051 亿美元，同比增长 19.8%[①]。2021 年农产品创汇收入约 790 亿美元，位居世界第二。因此，巴西陷入饥饿，主要原因根本不是干旱、新冠疫情大流行和俄乌战争导致粮食减产，而是巴西虽然生产了大量粮食，只是这些粮食没有流向巴西人民。巴西粮食大量出口，粮食价格与国际农贸期货市场（如芝加哥期货交易所）深度绑定，几乎不存在价格差，也就是说国际农贸期货市场任何风吹草动都会影响到每一个巴西人民。粮食定价权不属于巴西人民，巴西政府同样几乎没有任何手段控制粮食进出口。任何正常的国家或政府必须在优先保障本国粮食安全的情况下进行粮食进出口贸易，然而巴西政府对此无能为力。主要原因是：①巴西大部分土地不属于巴西人或巴西人没有控制权；②巴西农产品深度绑定国际期货市场，巴西不掌握国内农产品定价权；③受经济利益驱使和跨国资本控制，巴西农业过度追求高价值经济作物，种植结构越来越外向化、单一化，危及粮食安全；④国际四大粮商（美国 ADM、美国邦吉、美国嘉吉、法国路易达孚）控制巴西农业。

三、城乡融合中非合作博弈风险

城乡融合将会使中国乡村发生翻天覆地的变化，这场变革对中国的影响深刻且久远，是中国决心实施振兴乡村的伟大举措，全国人民对此寄予厚望。中华民族的崛起之路从来都不是一帆风顺，城乡融合亦是如此。乡村的发展是关系到民族崛起、社会安定和国家粮食安全的大问题，要防范城乡融合中的非合作博弈风险。因为，虽然造成巴西农业现状和日本农业现状的原因是复杂的，但以农业为中心的多方非合作博弈是主要原因之一。非合作博弈是指在策略环境下，所有决策者的行动都是个别行动，决策者的决策与其他人无关。非合作博弈状态下，决策者完全不考虑其他博弈参与者的利益，只考虑如何将自己的利益最大化，并且常常是通过占有对方的利益来获得自己的利益。非合作博弈的极端状态往往靠近零和博弈，即在严格竞争下，一方的收益必然意味着另一方的损失，博弈各方的收益和损失相加总和永远为

---

① 数据来源：中国商务部网站：2021 年巴西农产品贸易顺差超过 1 000 亿美元 [EB/OL]，http://br.mofcom.gov.cn/article/ztdy/202201/20220103238650.shtml，2022 年 1 月发布。

“零”。双方不存在合作的可能，零和博弈的结果是一方“吃掉”另一方。

图 5－3 是日本农协与相关博弈者的关联，主要关联如下：

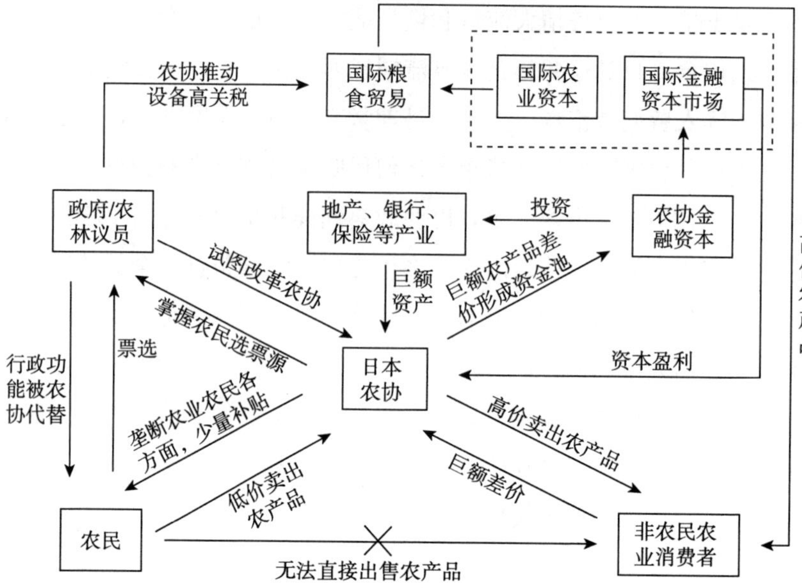

图 5－3　日本农协与相关博弈者的关联

（1）农民：日本绝大多数农民自愿加入农协，但由于农协垄断性控制销售渠道，农民其实没有退出农协的自由。农民必须按照农协的要求种植指定农作物，收获后低价卖给农协，农产品几乎不能直接卖给消费者。

（2）农协：垄断农村农业生产、销售渠道、农村金融、保险，并提供技术指导、教育培训、农业生产资料。从农民手中低价收购农产品，然后高价卖给全日本国民。由于总差额巨大，除去补贴给农民的少部分外，大部分资产被农协用于投资地产、银行保险等，同时日本农协也是重要的华尔街金融“玩家”。为了巩固自己的垄断地位和农产品高价格，农协通过自己控制的农民票源（“票差格局”制度导致农民选票权重较高，农民一票约是城市居民五票）深度介入日本政治势力并推动日本政府对进口粮食设置高额关税。由于强大的政治影响力，日本政府对农协的改革也“举步维艰”。农协获得了农产品的定价权。

（3）政府/农林议员：农林议员需要与农协合作获取支持，农协以此影响政府。

（4）非农民农业消费者：被迫忍受高价格农产品，吃饭开支被人为地增高。

（5）国际农业资本：由于高关税，进口农产品同样在日本处于高价格。但日本农产品自给率较低，依然需要进口大量农产品。

如图 5－3 所示，日本农协模式至少存在五方博弈，这种非合作博弈虽然不太可能导致零和博弈状态的产生，但导致其中部分博弈方利益受到极大损害则是一种必然。任何非合作博弈过程或系统，弱势博弈方利益受损最严重。显然，日本农协模式中，弱势的博弈方是农产品的消费者（日本大多数国民）和农民，农产品消费者由于在博弈过程中几乎没有任何话语权而导致自己处于最弱方。农民由于受制于垄断集团，农协控制农业的各个环节，并且不允许农民单独经营，农民亦是较弱博弈方。综上所述，日本农民和农民以外的大多数农产品消费者属于利益受损方。农民利益得不到保护在前文亦有所叙述，而非农民农产品消费者利益受损最大的表现是日本在主要发达国家中，恩格尔系数一直处于较高水平，这在发达经济体中是十分不正常的一种表现，同时也是日本农协模式危害农民与国家利益的直接证据。

巴西农业领域非合作博弈更加残酷，2020 年以来，全球农产品价格因各种因素上涨，控制巴西农业的私有者们根本不考虑普通巴西人的吃饭问题，大量粮食用于出口获取金钱。根据中新社圣保罗 2023 年 1 月 13 日电（记者莫成雄），巴西国家地理统计局（IBGE）当地时间 12 日发布的数据显示，巴西 2022 年粮食总产量达到 2.632 亿吨，比 2021 年增长 3.9%，创历史新高[①]。然而，正如前文所示，巴西大多数人处于吃不饱饭的状态，国家农业安全没有任何保障。城乡融合同样面临非合作博弈风险，为了破除这种风险出现的可能性，应当在制度设计上建立防御机制。

第二节　中国农村与城市资本流动

一、当前城乡资本流动模式

按照马克思主义政治经济学的观点，资本是一种可以带来剩余价值的价

① 数据来源：光明网：巴西 2022 年粮食总产量达 2.632 亿吨创历史新高［EB/OL］，https：//m.gmw.cn/2023～01/13/content_1303253753.htm，2023 年 1 月 13 日发布。

值，它在资本主义生产关系中是一个特定的政治经济范畴，它体现了资本家对工人的剥削关系。因此，马克思理论著作中的资本指具有剥削性质的并能带来剩余价值的货币、生产资料等。广义的资本是指人类创造物质和精神财富的各种社会经济资源的总称。也就是说，广义上讲，社会经济资源是资本的一种，它有多种存在形式，只要为社会经济活动所需要就可以称之为资本。城乡融合发展，必然需要在一定程度上改变当前城乡资本流动模式，目的是让城乡资源达到有益双向流动促进乡村振兴。我国由于疆域巨大跨度广，不同地区的城乡资本流动形态差异较大，因此，梳理有代表性的城乡资本流动模式，是城乡融合的理论基础。我国疆域上，东西差异、南北差异都很大，无论是经济发展还是地理人文。依据工业化城市化程度、人口密度和自然地理条件等，城乡资本流动模式至少可以分为以下几个类型论述：A：城市的卫星乡村；B：产业化富裕乡村；C：大规模农民工输出乡村；D：地广人稀乡村；E：严重空心化乡村。

图 5-4 是以上五种类型乡村与城市资本流动图。发达城市的卫星乡村指城市对此区域有较弱辐射能力但位于城市边缘以外的乡村，其显著特点是年轻人定居城市部分老人留守，城市对人口的聚集效应导致城市的卫星乡村“空心化”，由于城市的扩张耕地资源并不丰富。生态资源丰富或区域位置较

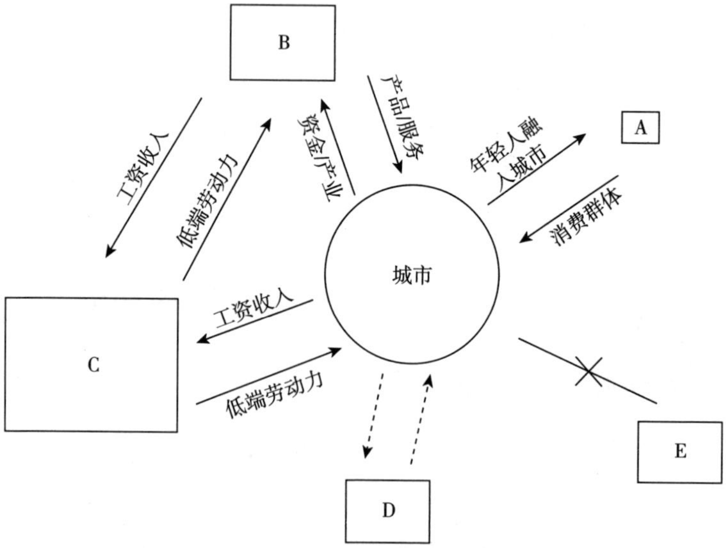

图 5-4　五种类型乡村与城市资本流动

好的卫星乡村可能形成具有乡村特色的第三产业，例如农家乐、度假村和特色农村等，此时城市向乡村输出消费人口。

产业化富裕乡村指特色鲜明的产业聚集乡村群，多分布在我国江苏、浙江、广东等沿海发达省份，这种类型的乡村往往以某个行业为特色形成了完备的产业链，从而带动了相关附属产业的发展，并带来巨大的经济利润。例如在家纺产业、五金制品、鞋类产业和食品产业等行业都形成了特色鲜明的产业化富裕乡村。这种乡村也形成了明显的特点：①多位于我国经济发达省份。②吸引了大量外省劳动力。③以低端产业和少量中端产业为主，多为劳动密集型。④以工业为主，农业为少量辅助产业。

大规模农民工输出乡村是我国重要的乡村形态，承载了我国大部分农业人口，指人口稠密以农业为主且向外输出大量劳动力的乡村，多位于我国河南、江西、安徽、四川和湖南等省份，家庭收入主要是外出务工收入和农业收入。相比务工收入，农业收入极低，因此对外输出劳动力是弥补农业收入过低的重要手段。农村劳动力输出是城市与乡村的双向有益流动，城市解决了劳动力短缺问题，农村获取了收入，虽然农民工的辛苦钱不高，但已经远高于农业收益。城市以金钱资本换取了农民劳动力资本。农村劳动力可以转移到城市的前提是，农村劳动力有富余。流向城市的劳动力一般情况下没有能力在城市定居，所以每年春节期间会有大规模人员流动形成“春运”现象。

地广人稀乡村主要分布于我国东北、内蒙古和西北地区，人口密度低，人均耕地面积大，气候寒冷，年降水量较少，农作物一年一熟。其中东北地区是我国重要的粮食产区，对国家粮食安全意义重大。同时，这些地区城市发展潜力不足，甚至是资源枯竭型城市，城市人口流失严重。由于农民人均耕地面积较高，农业收益相比其他区域高。城乡资源流动较少，只有较少的劳动力会到城市就业。

严重空心化乡村全国各地均有分布，特别是经济发展落后人口密度低的农村，“空心化”现象明显。这种乡村，除了土地，几乎没有任何资源与城市流动，人口也因各种原因早已自主搬迁，形成大量“鬼村”[①]。“鬼村”的

① 鬼村：网络用语，形容空无一人的废弃乡村。

出现意味土地资源的大量浪费和人口的大量流失，已成为中国农村当前亟须解决的问题。由于“人迹罕至”，城乡资本流动在这种类型的乡村是不存在的。

二、资本流动方向与城乡融合

国家资本和民间私有资本的区别在于主导力量不同，国家资本由国家行政力量控制，体现出国家意志。而民间私有资本则属于个人私有财产，在遵守国家法律的情况下，资本使用形式和过程不受限制。促进城乡融合，实现乡村振兴必然存在大规模资本流动和商品交易，这一背景下资本的流动方向是一个重要议题，这是牵涉城乡融合的制度设计和政策制定的大问题。

城乡融合过程中，国家资本的流动方向体现国家意志，受行政力量的控制，不以追逐经济利益为直接目标，可以不受经济规律和资本利益的影响。所以，国家资本可以在行政规划下定向流向目标区域，即使这些资本投入目标区域后不会营利甚至亏损。民间私有资本不同于国家资本，资本流动在法律框架内几乎不受限制，因此城乡融合过程中私有资本的参与是否受限，限制多少这是一个重要的制度和框架设计问题。

如果在现有的法律框架内放开现有限制或不限制，私有资本在城乡融合过程中流动方向是什么呢？由于资本逐利本性，作为正常或理性的投资人（做公益除外），都会将资本投入有利可图的乡村，也就是说私有资本只会流向存在可以盈利资源的乡村。这些资源指土地、生态资源和劳动力资源等，然而更需要振兴的落后乡村往往缺乏优质资源，甚至多数地区只有土地资源。占据优质资源是私有资本的本性，无资源可占或者存在巨大可能亏损的非优质资源私有资本是不具备投资欲望的。乡村振兴，逐步实现城乡融合是全局性的，绝非局部性城乡融合，特别是落后乡村更应该被振兴。但是，由于国家资本和私有资本在流向上存在巨大差异，可能出现一种极其不利于城乡融合的情况，私有资本占领乡村优质资源，不具备发展潜力的落后乡村却需要国家资本投入。结果就是，私有资本赚取大量利润，国家资本成为“冤大头”。

综上所述，城乡融合必然涉及国家资本和私有资本，私有资本的逐利本性会导致私有资本倾向于占据乡村优质资源而落后乡村的振兴全靠国家资本投入的不公平局面，简单讲就是“好处私有资本全拿，责任全部由国家承担”。虽不至于出现乡村的优质资源全被私有资本占据的情况，但2023年恰逢国家农村经济组织大规模调整（《中华人民共和国农村集体经济组织法（草案）》于2022年12月30日至2023年1月28日公开征求意见）和城乡融合关键年份，必须从法律和制度两个层面考虑资本流向问题。

三、资源再分配视角下的城乡融合

城乡融合发展是为了逐步缩小城乡差距，实现乡村振兴，使广大农村人民共享国家发展成果，并最终实现共同富裕，这是中国特色社会主义制度的要求。造成城乡巨大差距的重要原因之一是城市分配资源远多于乡村，初次分配[①]过程不利于乡村共享国家发展成果。造成这种现象的原因是客观的事物自然发展规律，因为工业效率远高于农业效率，二者创造财富的速度完全不在同一量级；就像工业社会必然领先于农业社会，信息化网络化社会必然领先于工业社会一样，二者效率差是必然存在的。

既然初次分配对农民“不公平”，是否可以通过调节初次分配达到城乡收入同一水平的目标呢？答案是否定的。首先，初次分配需要调节，但初次分配的调节不足以弥补城乡收入差距。对农民的初次分配调节的直接手段就是提高粮食价格，这会直接提高农业收益使农民获得更高的初次分配所得。但农产品价格的提高十分有限，农产品关系到全国人民的吃饭成本，直接关系到全国恩格尔系数；首先，吃饭价格过高时，本质上是直接降低大部分人的收入，抑制消费行为，所以农产品价格涨幅必须控制在合理的范围内。其次，中国是人口大国，14亿人口的粮食安全是重中之重，政府保障粮食安全就要保障粮食种植稳定、产量稳定和供应充足。供应充足的情况下，排除人为炒作和期货市场干扰，农产品价格必然不可能大幅度涨价。最后，高粮价会直接导致相关行业涨价，最低劳动力价格上涨，这种上涨底层劳动者并不受益。因此，我们需要粮食价格处于稳定状态，且处于较低水平。

但是，为了整体利益就可以伤害弱势群体的利益吗？“谷贱伤农”，过低

---

① 初次分配是指国民总收入直接与生产要素相联系的分配。任何生产活动都离不开劳动力、资本、土地和技术等生产要素，在市场经济条件下，取得这些要素必须支付一定的货币，这种货币报酬就形成各要素提供者的初次分配收入。农民卖出粮食收入就属于初次分配。

的粮价会伤害农民的权益，农民不应该是被牺牲群体。因此，既然初次分配调节能力与效果有限，为了维护农民权益，通过资源的再分配[①]手段调节城乡差异将会是重要的制度安排。

（一）资源再分配的目标

《汉书》有言“籴甚贵，伤民；甚贱，伤农。民伤则离散，农伤则国贫。故甚贵与甚贱，其伤一也”[②]。即“谷贱伤农，米贵伤民”，粮食价格过低伤害农民，粮食价格过高则伤害非农民以外的人，可见古人早就意识到粮食价格必须维持在合理区间内的重要性。

目标一：弥补低粮价导致的农民收入的减少。维持较低的食品价格，于国于民有利，粮食供应充足的情况下，粮食价格也不可能有太大的波动幅度。食品价格的上涨会带来整体物价的上涨，所以维持较低的食品价格，保障粮食供应安全稳定意义重大。这个过程，由于低粮价，农民的利益被牺牲，所以资源再分配的第一个目标是：弥补低粮价导致的农民收入的减少。过去的几十年，由于机械化在农村的推进，导致大量农业劳动力被“解放”，通过农村劳动力输出，在一定程度上弥补了农业收入不足的情况，即本书前面所提到的资源流动模式中以劳动力换工资的情况。当前这种情况在很长的一段时间内无法过多改变，“兼业农民”还将继续存在。

通过资源再分配调节农民收入，改变“谷贱伤农”所造成的后果，具体顶层设计和实施十分复杂，影响因素过多，包括国家税收、财政、农村经济组织和国家粮食安全制度等。

目标二：弥补城乡科教文卫差距，实现资源有益流动。科学、教育、文化、卫生的城乡差异巨大，农村配套设施严重缺位，弥补农村科教文卫差距，实现城乡科教文卫资源的有益流动是城乡资源再分配的重要目标。科教文卫优质资源共享需要合理的制度安排和技术保障，并随着城乡结构和相关技术的发展不断优化更新。

科教文卫资源流动中，城市具有吸引优质资源天然优势，城市的大部分

① 再分配是指在初次分配结果的基础上各收入主体之间通过各种渠道实现现金或实物转移的一种收入再次分配过程.

② 引自《汉书·食货志》.

优势是乡村无法复制的。城市拥有较为完备的城建设施和产业聚集，这是人口规模化的基础。人口规模化聚集后，有利于优质教育资源、优质医疗卫生资源、优质文化娱乐资源等的建立。由于更容易创造物质条件，生活更加便利，基础设施基本完备，人才大多数流入城市；人才的聚集进一步巩固了城市对乡村的客观优势。例如，最优质的基础教育资源（包括师资力量）往往会集中于城市最核心的基础教育学校，而农村教育根本无力承担留下优秀师资的成本，更没有留下优秀教育人才的条件。以教育资源为例，城乡融合必然要求乡村同样享受到优质的教育资源。农村“空心化”，生源急剧减少造成教育资源大量流失，大量流失教育资源后进一步加剧农村“空心化”，这种恶性循环不仅仅体现在教育资源方面。

城乡融合绝不是资源的简单调动，而是城乡资源的合理利用，实现城乡资源的有益流动。同样以教育资源为例，以行政手段将国家财政投入农村教育资源严重不足地区，实现农村教育硬件的快速升级相比农村教育软件的提升比较容易。教育软实力集中体现在师资力量和学风等方面，最优秀的师资力量集中于城市，让他们去农村任教，几乎是一件不可能的事。为了让农村共享城市优质教育资源可以从教育制度设计和科技手段入手；既然优质资源是有限的，可以通过“人工智能＋VR（虚拟现实）技术”①，通过合理的教育制度设计，使城市优质的教育资源可以共享到农村。这需要首先在城乡完善支持上述技术的硬件设施。新冠疫情防控期间，网课得到极大普及，但网课最大的弊端是对学生约束性不强和实时交流不足，同时需要学生家长的看护，这种情况下网课效果“大打折扣”。通过“人工智能＋VR技术”实现学生与老师身临其境般的实时交流并结合线下专职班主任等老师的管理，可以有效共享优质教育资源，实现城乡教育资源的共享。

（二）金融资本博弈：资源争夺战

争夺意为竞争抢夺，竞争是过程，抢夺是手段，获得资源是结果。在无

---

① 虚拟现实技术（英文名称：Virtual Reality，缩写为VR），又称虚拟实境或灵境技术，是20世纪发展起来的一项全新的实用技术。虚拟现实技术囊括计算机、电子信息、仿真技术，其基本实现方式是以计算机技术为主，利用并综合三维图形技术、多媒体技术、仿真技术、显示技术、伺服技术等多种高科技的最新发展成果，借助计算机等设备产生一个逼真的三维视觉、触觉、嗅觉等多种感官体验的虚拟世界，从而使处于虚拟世界中的人产生一种身临其境的感觉。

行政力量干预的情况下，城乡金融资本流动极有可能会演变为非合作博弈状态下的资源争夺。私有金融资本下乡的目的绝对不止公益和慈善，本质是占领资源并使利益最大化。城市金融资本与乡村金融资本相比，具有先天优势，具体体现在城市金融资本规模大、体系成熟且城市资本存在巨额虚拟金融资本；而乡村金融资本往往规模小、不成体系且金融资产往往与实体资产对应。因此，在城市金融资本与乡村金融资本博弈过程中，乡村金融资本处于绝对弱势地位。最不利的情况是，来自城市的大量虚拟金融资本通过各种手段置换成乡村的实体资产，这会使乡村资产大量流失。虚拟金融资产具有置换为实体资产的“冲动”，因为这是虚拟资产由虚转实的途径。虚拟金融资产置换为乡村实体资产时，属于乡村的实体资产往往会转化为货币形式，货币价值甚至会超过当时实体资产的价值，即实体资产被置换为货币资产。

乡村资产主要体现形式是：土地、生态资源和基础设施，基础设施主要由国家财政长期向乡村投资形成，多数属于固定资产，主要包括标准道路、网络设施和水电系统等。其中生态资源和基础设施是公共资产，往往难以量化。当乡村资产货币化，实体资产属于某个组织或个人时，表面上看，农民获益，甚至获取了超出市场价值一定程度的货币资产。与实体资产相比，货币资产抵御风险的能力较弱，本质是农村资产一次性置换，比较悲观的情况是乡村失去进一步发展的资源，乡村优质资源被城市金融资本占领。

因此，城乡融合要防止城市私有资本占领乡村进一步发展的资源。庆幸的是，上述情况其实很难发生（虽然在我国局部区域确有发生），因为当前的国家政策不允许农村资源自由买卖，土地依然属于集体而非个人。

第六章　因地制宜促进城乡融合发展

城乡融合发展作为破解城乡二元结构、解决“三农”问题的重大战略决策，其贯彻实施是一个系统的工程。要实现城乡融合，必须因地施策，综合考虑当地的地理、文化、经济差异对实现城乡融合的影响，牢牢把握“三农”工作方向，确保城乡资源属于人民，城乡融合发展为了人民。

第一节　地域差异与乡村振兴

一、地理和文化差异

众所周知，中国是一个幅员辽阔的国家，南北跨越的纬度近 50°，东西跨越的经度超过 60°。地势整体呈现西高东低阶梯状分布，东西横跨 5 200 千米左右，复杂多样的地形包含山地、高原、盆地、平原和丘陵。中国海岸线从南到北约 18 000 千米，形成了明显的海洋季风气候。复杂的地理分布、多变的气温和降水共同造成了中国气候的多样性。

地理差异导致了人口分布和经济活动密度的巨大差异，乡村形态同样存在巨大差异。从南到北，温度依次降低，从西到东地势逐渐平坦。由于光照、地势和经济发展的差异，我国人口主要集中于长江中下游平原和华北平原和沿海经济发达区；东北地区人口密度较低，西藏、内蒙古、西北地区人口密度在每平方千米 1 人之下，属于人口密度极低区域。人口稠密地区往往地势平坦交通发达生活便利，气候温和宜居，经济发展相对较好。人口稀少的区域往往地势多变，生活便利性相对较差，气候条件不好宜居性差，经济发展远落后于我国经济发达板块。推进城乡融合发展，实现乡村振兴不同的地区面对的形式可能完全不同。因此，城乡融合是多种形式的城乡融合，是因地制宜的城乡融合。

一方水土养一方人，不同地区经过长期发展形成自己独特的风土人情，丰富多彩的地域文化是重要的文化财富。由于地理和气候等的巨大差异，地域文化出现强烈的地域特色，这些“特色”往往是为了适应当地的自然气候而形成。例如，为了抵御严寒东北乡村形成了特色火炕文化，为了抵御碱性水的危害山西人形成了特色醋文化。除了地域特色文化差异，我国是多民族国家，每个民族或多或少都有自己的独特文化，这都加深了不同区域文化的差异。考虑文化差异的情况下推进城乡融合是非常必要的。

二、经济差异

相比地理和文化差异对城乡融合的影响，经济发展差异几乎起决定性作用。我国人口密集区往往发展较好，这是因为经济发展吸引人口而人口增加促进经济发展的正循环。与此对应的是，人口大量流出的区域则出现人口减少与经济发展衰退的恶性循环，经济发展动力不足导致人口流失，减少的人口进一步抑制经济发展的潜力。我国经济发展程度各区域内部差异较大，可以粗略地将我国划分为三个经济发展模块，即东部和南部经济发达模块、中部东北部经济次发达模块和西部经济欠发达模块。

东部和南部经济发达模块主要包括沿海地区（特别是华东华南沿海省份）和部分靠近沿海省市的内陆区域，此版块经济活动密度高，产业发达，实体经济繁荣，并伴随较大规模的虚拟经济。中部东北部经济次发达模块是指靠近沿海的内陆省份和中西部过渡区域，特点是经济发展落后于发达板块，人口密度较高且存在大量农业人口，部分区域向发达板块输出了大量劳动力。西部经济欠发达模块主要包括西藏、青海、新疆和内蒙古等区域，地域辽阔人口密度极低，经济发展缓慢，产业落后。除发达板块外，许多区域城市出现了发展潜力不足现象，主要体现在支柱产业发展缓慢或较弱，这种现象在资源型城市向资源枯竭型城市转变过程中表现最为明显。

三、地域差异对城乡融合的影响

经济、地理和文化巨大差异对城乡融合的影响是巨大的，例如，经济发达地区实现城乡融合相对容易，甚至部分地区已经实现了城乡一体化发展。

而经济落后地区，由于城市辐射能力和影响力有限，甚至城市自身的发展面临诸多问题，有限的资源限制城乡一体化发展，实现城乡融合十分困难。

前文叙述城乡资源流动时将乡村粗略划分为五个类型，由于我国地域差异较大，系统性说明每种地域对城乡融合的影响是不现实的。因此，以五个类型的乡村所处的区域为标准分别论述地域差异对乡村融合的影响。以乡村类型分为以下五个地域：

（1）城市的卫星乡村多位于我国发达模块和重点发达城市周边，江浙、广东和国内其他区域大型城市周围均有分布，例如上海周边农村和北京周边农村。大多数年轻人几乎全部定居城市，年龄偏大的人留守农村。得益于城市经济的快速发展，农村得到一定程度发展并成为富裕乡村，生活具有便利性。类似的乡村容易实现乡村振兴，或属于已经振兴的乡村；生态良好，区域位置便利的乡村比较容易发展服务业，城市为服务业提供消费群体。

（2）产业化富裕乡村多位于沿海发达省份，内陆省份较少，大多数交通便利有利于资源流通，且距离大城市有一定距离，多数位于发达板块。因为有产业支撑，农村经济发展较好且比较富裕，且引进了大量外来劳动力。产业化富裕乡村正在向城镇化发展，比较容易实现乡村振兴。

（3）大规模农民工输出乡村多位于气候温和宜居的平原和盆地，农作物一般可以一年两熟的大规模农村人口聚居区，多位于我国江西、河南、安徽和四川等省份，多数位于次发达板块。我国大部分农村人口都聚集于此，大规模劳动力输出乡村实现城乡融合存在困难，之所以劳动力大量输出是因为当地没有产业容得下如此规模的劳动力。当地缺乏产业容纳劳动力，人口出现规律性迁徙（春节归家，春节后回到工作地），人口规律性迁徙导致农村阶段性“空心化”，老幼留守农村。

（4）地广人稀乡村多位于西北、内蒙古和东北地区，人口密度低，气候寒冷，多数区域农作物一年一熟，多数属于次发达板块和欠发达板块区域。经济落后，人口稀少是城乡融合面临的最大困难。大多数社会功能需要在一定人口规模的情况下才可能实现，例如教育、医疗、卫生，更微观层面如集中供暖等都需要人口聚集才能实现；也就是说，人口密度不足导致经济活动缺乏，建立在经济基础上的社会服务功能被弱化。

（5）严重“空心化”乡村全国各地均有分布，多数位于次发达区域和欠发达区域。严重“空心化”乡村不同于劳动力输出地区人口阶段性“空心化”，这是一种人口永久性流失现象，人口的流失几乎不可逆。由于严重“空心化”，这样的乡村甚至丧失乡村功能，几乎不具有建设意义。

第二节　把握“三农”发展方向

农业、农村、农民的发展是城乡融合发展的重中之重，振兴乡村本质就是振兴农业、振兴农村、让农民过上好日子。当前是我国农村经济组织调整关键时期，“三农”的发展方向是十分重要的议题。继续提高城镇化率减少农业人口、农业智能化机械化、兼职农民是“三农”三个重要的发展方向。

一、提高城镇化率减少农业人口的必然性

无论从人口规模还是国土面积来说，中国都是超大型国家，乡村的人口为 50 979 万人，占 36.11%[①]，相比中华人民共和国成立初期的 89.4%下降极快。继续提高城镇化率，减少农业人口数量是必然选择，推进城镇化，减少农业人口数量的原因如下：

1. 农业是低效率生产，无法容纳大规模人口

农业属于低效率生产，如果容纳过多人口，本质上属于社会的倒退和发展的倒退。封建社会时期，农业容纳了大规模人口，小农经济模式下，中国大部分人口靠农业养活。小农模式下，农业确实可以容纳大量人口，然而大部分农民食不果腹，土地不断被兼并，农民日子越过越苦，日子过不下去造就了一个又一个王朝的轮回。中华人民共和国成立后，农村同样承担了大量人口，然而中国多数农村地区需要外出务工补贴因农业低收益带来的经济上的不足。无论是中国历史上的小农经济模式还是中华人民共和国成立后的“农业+务工”都承载了大量人口，而且都有一个共同特点，即当农业承载大量人口时，农业人口生活水平一般情况下比较低下。所以，全球范围内不存在拥有大规模农业人口的发达国家。农业容纳大规模人口时，是贫穷，是有限的生活水平。总而言之，农业无法容纳大规模人口。

---

① 第七次全国人口普查数据。

2. 城镇是人口规模化聚集的基础，有助于社会功能的合理利用

城镇的基础设施和产业聚集会使人口规模化聚集，人口的规模化有助于社会功能的建设和利用。例如，高标准医院的建设，需要人口基数支撑，否则无法建立；优质学校教育的建立，需要生源为支撑；人口聚集有助于集中供暖、供水、供电和网络等的建设和利用。

3. 机械化智能化农业不需要大规模农业人口

推进农业机械化和智能化发展，是现代农业的基础，解放农民双手，改变“面朝黄土背朝天”的艰苦农业环境，最大程度提高农业耕种、管理和收割效率是农业机械化智能化目的。机械化信息化的农业，不需要大规模农业人口，需要的是专业化农民。

4. 通过二次分配增加农民收入时，农业人口规模过大将会极大加重社会负担，甚至使二次分配无法进行

所谓通过二次分配增加农民收入，就是通过财政补贴等方式弥补农民收入过低问题。农村人口规模过大，补贴少起到的作用有限，补贴多国家财政无法负担。因此，二次分配达到预期效果的前提是农民规模处于较小且可接受的范围。

5. 农业规模化是农民增加收入的重要手段

前文已经说明，农业是低效率产业，每亩平均利润较低。但农业人口减少后，农民人均耕地面积必然增加，虽然每亩利润低，但耕地面积多，也是增加农民收入的重要手段。农民人均耕地面积越高，意味着累计利润越高。

二、机械与智能：农业效率的必然选择

大约 20 年前，大量外出务工农民在农忙季节需要返回农村进行农作物收割和后续农作物种植等，以安徽省北部平原地区为例，从麦子收割到下一季农作物耕种大约需要持续 1 个月以上的时间，工作效率低且十分辛苦。随着机械化的深入，以往 1 个多月的农忙季节被缩短为 3 天左右，且不需要太多劳动力。农业机械化与智能化，造福了农村劳动者。“面朝黄土背朝天”的情景将被人类智慧与科技的发展彻底终结。

我国黑龙江地区，土地广阔人口稀少，黑龙江农垦区目前已成为重要粮食生产基地，农业机械化智能化为农垦区发展做出了巨大的贡献。随着城镇

化的推进，农业人口的减少和农村新型合作组织的建立，人均耕作大面积土地的情形将会到来，农业机械化智能化势不可挡。

三、全职农民与兼职农民

农民人均占有耕地面积较少的情况下，全职进行农业生产，极有可能会出现收入不足而退化成贫困农民的情况。所以，这种情况下，农民不可以全职从事农业生产，否则收入严重不足。需要多数农村劳动力输入到城市赚取收入，这种状态下的农民是兼职农民。我国农民工输出大省基本是这种情况。全职农民是指全职从事农业生产的农民，增加全职农民数量和收入将是未来中国农业发展的一个重要方向。如果城镇化推进缓慢，农业依然需要容纳一定规模的人口，兼职农民模式将会是未来很长一段时间内重要的农村创收模式。城乡融合发展，除了居住在农村的农民，在城市生活的兼职农民同样需要考虑在内。兼职农民的医疗问题、子女上学问题和养老问题等都需要作出制度性改变。

第三节　控制权：城乡融合发展不可碰触的红线

控制权是指控制掌控对象使其不任意活动或超出范围，或按控制者的意愿活动。对商品价格的控制权是定价权，对组织和政权的控制权是领导权。控制权在谁的手上，事物发展的方向往往体现这个控制者的意志，更多代表控制者和控制者所代表群体的利益。因此，城乡融合发展的控制权十分重要，它将决定城乡融合发展为了谁、如何融合发展、融合发展的目的能否实现等重大问题。鉴于城乡融合发展是一个庞大的系统性社会工程，它将深入城乡社会的各个方面，涉及“三农”、国家粮食安全和农村经济组织形式，城乡融合发展控制权问题将会决定“三农”发展控制权、国家粮食安全控制权和农村经济组织控制权，牢牢把握“三农”发展方向至少存在以下不可碰触的红线。

一、正在推进或已经造成土地和生态资源私有化

土地资源和生态资源是农村最重要的资源，其中具有巨大价值的生态资

源并非所有农村都具有，土地资源才是农村的根本资源。土地和生态资源一旦私有化，一定会造成农村丧失进一步发展权。农村土地属于村集体，集体成员拥有使用权，这种制度安排确保了基本生产资料不被个人私有，确保了集体土地属于村集体，确保了村集体成员的土地使用权。

土地私有化本质是集体或国家丧失土地控制权的一种形式，相当于丧失控制粮食安全的基础。几千年的封建王朝，反反复复进行着朝代更替与轮回，本质是土地私有化达到一定程度后，土地兼并程度过大，老百姓失去了“活下去”的基础性资源，需要重新“洗牌重来”。

二、不能保证粮食安全，丧失粮食定价权，丧失粮食销售渠道

粮食安全包括粮食种植安全、生长安全、产量安全和供应安全，本质是14 亿人民吃饭安全。过去很长一段时间，中国粮价一直高于国际粮价，因此当时有许多学者主张中国粮食供应可以依靠国际贸易。过去两年，人为的国际期货市场囤积炒作、干旱、新冠疫情大流行和俄乌战争等造成国际粮价快速上涨，巴西粮食大量出口，买不起粮食的巴西人民只能忍饥挨饿，造成了最不可能发生饥荒的国家发生了饥荒。而中国粮价此时出现了低于国际粮价的现象，这与长期高于国际粮价的现象不同。因此，中国粮食供应与粮食价格整体呈现十分稳定的情况，黑龙江和内蒙古地区粮食的大量增长对我国的粮食安全越来越重要。

保障粮食安全，粮食价格的控制权和粮食销售渠道的控制权必须牢牢掌握在国家手中。否则，教训是惨痛的。中国历史上粮商鱼肉百姓的历史现象多次上演，日本农协可以控制高粮价损害全体人民利益，巴西生产了大量粮食人民却挨饿。因此，粮食从生产到销售各个环节我们允许市场经济原则下多种方式共存，但控制权必须掌握在人民手中，否则明明人民忍饥挨饿大量粮食却用于出口的现象将成为现实。

三、政府对“三农”的行政功能被个人或非政府组织取代

本书主张通过适度调节首次分配和重点调节二次分配的原则弥补维持低粮价导致的农民利益受损，达到在农产品低价格的基础上增加农民收入，最

终解决“谷贱伤农，米贱伤民”的矛盾，确保城乡有机融合。所以，直接通过财政对农民进行补贴是必然之路。类似对农民的财政补贴、医疗和教育等政府行政功能不能被个人和非政府组织取代。日本政府对日本农民的补贴通过农协，而不直接面对农民，本质上是政府行政功能被民间组织取代的一种表现，这与农协的垄断性质不无关系。过去很长一段时间内，财政对农民的补贴直接通过专用账户，十分有效地防止了补贴款被截留挪用现象的发生。

在中国共产党的领导下，我们牢牢掌握城乡融合发展的控制权，牢牢掌握农业发展自主权，把 14 亿多中国人的饭碗牢牢地掌握在自己手中！我们坚信，在中国特色社会主义新时代，在中国共产党的领导下，城乡融合发展的目标一定能够实现！乡村振兴的目标一定能够实现！以中国式现代化全面推进中华民族伟大复兴的目标一定能够实现！

参 考 文 献

本报编者，2021. 中华人民共和国国民经济和社会发展第十四个五年规划和2035年远景目标纲要［N］. 人民日报，03－13（01）.

本报编者，2019. 中共中央国务院关于建立健全城乡融合发展体制机制和政策体系的意见［N］. 人民日报，04－15（01）.

蒋永穆，周宇晗，2018. 改革开放40年城乡一体化发展：历史变迁与逻辑主线［J］. 贵州财经大学学报（5）：1－10.

王丰，2018. 改革开放40年乡村发展的历程与经验启示［J］. 贵州财经大学学报（5）：17－23.

陈燕妮，2017. 论马克思恩格斯城乡融合思想的历史地位［J］. 青海师范大学学报（社会科学版）（3）：18－24.

王亚鹏，2010. 马克思恩格斯城乡融合思想探析［J］. 经济研究刊（7）：1－3.

丁凯，2021. 以技术变革推动城乡融合［J］. 人民论坛·学术前沿（2）：43－51.

周志山，2007. 从分离与对立到统筹与融合：马克思的城乡观及其现实意义［J］. 哲学研究（10）：9－15.

周艳红，刘仓，2016. 从费孝通的“文化自觉”到习近平的“文化自信”［J］. 广西社会科学（9）：193－197.

蒋永穆，赵苏丹，周宇晗，2016. 习近平城乡发展一体思想探析［J］. 政治经济学评论（5）：111－125.

何增科，2005. 马克思、恩格斯关于农业和农民问题的基本观点述要［J］. 马克思主义与现实（5）：49－59.

雷凯华，2018. 基于城乡融合视野的我国农村地区旅游产业园区开发研究［J］. 农村经济（10）：20－22.

何红，2018. 城乡融合发展的核心内容与路径分析［J］. 农业经济（2）：91－92.

宋迎昌，2018. 城乡融合发展的基本方略［J］. 国家治理（2）：22－25.

付伟，2018. 城乡融合发展进程中的乡村产业及其社会基础：以浙江省L市偏远乡村来料加工为例［J］. 中国社会科学（6）：71－90.

盛开，2018. 以城乡融合发展推动乡村振兴战略［J］. 调研世界（6）：63－65.
党国英，2018. 振兴乡村推进农业农村现代化［J］. 理论探讨（1）：86－91.
张广辉，陈鑫泓，2020. 乡村振兴视角下城乡要素流动困境与突破［J］. 经济体制改革（3）：195－200.
韩文龙，吴丰华，2020. 新时代城乡融合发展的理论内涵与实现路径［J］. 马克思主义与现实（2）：166－173.
吴国清，李强，2021. 从分离到融合：新时代城乡关系的空间正义反思［J］. 理论导刊（10）：10－16＋27.
梅浩，2018. 习近平城乡融合发展思想理论逻辑与实践路径［J］. 中共乐山市委党校学报（4）：45－50.
张小林，1998. 乡村概念辨析［J］. 地理学报（4）：365－371.
厉以宁，2010. 论城乡一体化［J］. 中国流通经济（11）：7－11.
白永秀，2012. 城乡二元结构的中国视角：形成、拓展、路径［J］. 学术月刊（5）：67－76.
李红玉，梁尚鹏，2016. 马克思主义城乡融合发展理论探析［J］. 城市与环境研究，（2）：47－57.
刘春芳，张志英，2018. 从城乡一体化到城乡融合：新型城乡关系的思考［J］. 地理科学（10）：1625－1633.
赵霞，2011. 传统乡村文化的秩序危机与价值重建［J］. 中国农业观察（3）：80－86.
郑风田，2018. 城乡融合的美国模式及其启示［J］. 国家治理（2）：26－31.
陈伟东，张大维，2009. 马克思恩格斯的城乡统筹发展思想研究［J］. 当代世界与社会主义（3）：19－24.
李沐阳，2018. 城乡融合发展：破解“三农”问题的根本途径［J］. 江南论坛（6）：4－6.
赵国强，2018. 共生理论视域下城乡生态融合的路径研究：以诸暨市为例［J］. 黑龙江科学（9）：16－17.
郭一臻，2018. 浅析中国新常态下城乡融合发展战略［J］. 中国市场（16）：8－97.
王学荣，2014. 践行与构建：从二元对立到城乡一体化：基于马克思城乡融合发展视角［J］. 创新（3）：40－42.
李玉磊，李华，肖洪波，2016. 国外农村一二三产业融合发展研究［J］. 世界农业（6）：20－24.
朱慧勇，2016. 兼顾与均衡：毛泽东城乡发展观的逻辑主线［J］. 山西高等学校社会科学报（04）：6－11.
赵伟，2014. 习近平统筹城乡发展思想研究［J］. 井冈山大学学报（社会科学版）（6）：65－76.
徐田，2018. 习近平新时代“三农”战略思想的三维解析［J］. 求实（5）：21－30.
陈志平，2018. 乡村振兴战略视野下城乡深度融合的路径探讨［J］. 山西农经（17）：1－2，4.
张凤超，张明，2018. 乡村振兴与城乡融合：马克思空间正义视阈下的思考［J］. 华南师范大学学报（社会科学版）（2）：70－75.
刘双双，段进军，2021. 协调推进乡村振兴与新型城镇化：内在机理、驱动机制和实践路径［J］. 南京社会科学（11）：47－55.
解安，覃志威，2021. 中国共产党城乡关系探索的百年历程与基本经验［J］. 理论探讨（6）：47－54.
方创琳，2018. 改革开放 40 年来中国城镇化与城市群取得的重要进展与展望［J］. 经济地理（9）：1－9.
苏庆国，彭文民，郑丽果，2018. 乡村振兴战略下的城乡融合发展［J］. 管理观察（26）：91－92.
刘彦随，2018. 中国新时代城乡融合与乡村振兴［J］. 地理学报（4）：637－650.
李人庆，2017. 找准城乡融合发力点［J］. 中国发展观察（23）：34－37.
卜长莉，2003. 差序格局的理论诠释及现代内涵［J］. 社会学研究（1）：21－29.
余斌，罗静，靳军，2005. 城市化与城乡发展：世界不同类型国家比较与启示［J］. 地域研究与开发（5）：17－20.
周凯，宋兰旗，2014. 中国城乡融合制度变迁的动力机制研究［J］. 当代经济研究（3）：40－42.
毕宇珠，苟天来等，2012. 战后德国城乡等价值发展模式及其启示：以巴伐利亚州为例［J］. 生态经济（2）：99－102，106.
陈婉馨，2018. 乡村振兴与城乡融合机制创新研究［J］. 人民论坛・学术前沿（3）：72－76.
肖万春，2003. 美国城镇化发展启示录［J］. 城乡建设（5）：56－57.
厉以宁，2008. 论城乡二元体制改革［J］. 北京大学学报（哲学社会科学版）（2）：5－11.
徐祥临，2018. 新时代城乡关系与推进之路：习近平总书记“城乡融合发展”思想的历史性贡献［J］. 国家治理（14）：18－21.
何仁伟，2018. 城乡融合发展与乡村振兴：理论探讨、机理阐释与实践路径［J］. 地理研究（11）：2127-2140.

赵民，李仁熙，2018. 韩国、日本乡村发展考察：城乡关系、困境和政策应对及其对中国的启示［J］. 小城镇建设（4）：62-69.

漆向东，彭荣胜，2019. 中国城乡关系政策70年：调整与演进［J］. 信阳师范学院学报（哲学社会科学版）（6）：7-15.

宋迎昌，2019. 城乡融合发展的路径选择与政策思路：基于文献研究的视角［J］. 杭州师范大学学报（社会科学版）（1）：131-136.

郑新立，2018. 抓住社会主要矛盾推动城乡融合发展［J］. 中国井冈山干部学院学报（2）：5-9.

彭晓伟，林伯海，2012. 邓小平的城乡互动思想及其对统筹城乡发展的启示［J］. 毛泽东思想研究（4）：101-105.

李羚羊，2012. 邓小平城乡关系与中国现代化发展道路探索［J］. 毛泽东思想研究（11）：67-72.

张毓雄，汤跃跃，2018. 我国城乡融合发展的整体性研究与反思［J］. 社会科学家（4）：64-69.

徐芹，2009. 列宁早期城乡关系思想探析：关于俄国资本主义发展过程中的城乡对立问题［J］. 江汉论坛（12）：17-20.

孙迪亮，杜茜，2019. 列宁城乡对立问题的审思和求解［J］. 沈阳师范大学学报（4）：27-32.

邢艳琦，2015. 列宁斯大林关于农业和农民问题的基本基本观点述要［J］. 马克思主义与现实（5）：60-66.

蔡继明，李蒙蒙，2019. 中国城乡融合发展的制度障碍及政策建议［J］. 河北学刊（4）：139-145.

徐祥临，2018. 新时代城乡关系与推进之路：习近平总书记“城乡融合发展”思想的历史性贡献［J］. 国家治理（14）：18-21.

邓杰，2018. 斯大林和苏联限制苏联大城市规模的缘起［J］. 党政研究（1）：58-67.

欧万彬，2019. “城乡融合发展”的时代特征与发展逻辑［J］. 北方论丛（4）：1-6.

郭殿生，宋雨楠，2019. 马克思恩格斯城乡融合思想的新时代解读［J］. 当代经济研究（2）：16-22.

温铁军，2005. 三农问题与世纪反思［M］. 北京：生活·读书·知新三联出版社.

邵彦敏，2012. 农村土地制度：马克思主义的解释与运用［M］. 长春：吉林大学出版社.

陈甬军，景普秋，陈爱民，2009. 中国城市化道路新论［M］. 北京：商务印书馆.

贺雪峰，2013. 新乡土中国［M］. 北京：北京大学出版社.

王福德，2015. 乡土中国再认识［M］. 北京：北京大学出版社.

邹新树，2007. 中国城市农民工问题［M］. 北京：群言出版社.

中国社会科学院新型城市化研究课题组，2007. 中国新型城市化道路：城乡双赢：以成都为案例［M］. 北京：中国社会科学文献出版社.

余佶，朱宇远，2014. 推进城镇化与城乡一体化［M］. 北京：人民出版社.

徐同文，2011. 城乡一体化体制对策研究［M］. 北京：人民出版社.

王志刚工作室，2007. 城变：一个传统城市的细胞再造［M］. 北京：人民出版社.

白雪秋，聂志红，黄俊立等，2018. 乡村振兴与中国特色城乡融合发展［M］. 北京：国家行政学院出版社.

杨志恒，吴先华，于兰军，2019. 城乡融合视野下的城镇化发展研究［M］. 北京：经济科学出版社.

李小健等，2018，欠发达区乡村聚落康健演变［M］. 北京：科学出版社.

岑乾明，2013. 马克思恩格斯的城乡观及其当代价值研究［M］. 北京：中国社会科学出版社.

赵旭东等，2018. 城乡中国［M］. 北京：清华大学出版社.

汪杰贵，2014. 乡村社会资本与农村公共服务农民自主供给制度研究［M］. 北京：中国轻工业出版社.

张小林，2009. 城乡统筹：抉择与挑战［M］. 南京：南京师范大学出版社.

谢培秀，2008. 城乡要素流动和中国二元经济机构转换［M］. 北京：中国经济出版社.

李铁，乔润令等，2013. 城镇化进程中的城乡关系［M］. 北京：中国发展出版社.

高帆，2019. 从割裂到融合：中国城乡经济关系演变的政治经济学［M］. 上海：复旦大学出版社.

附录一：中共中央　国务院关于建立健全城乡融合发展体制机制和政策体系的意见

（2019年4月15日）

建立健全城乡融合发展体制机制和政策体系，是党的十九大作出的重大决策部署。改革开放特别是党的十八大以来，我国在统筹城乡发展、推进新型城镇化方面取得了显著进展，但城乡要素流动不顺畅、公共资源配置不合理等问题依然突出，影响城乡融合发展的体制机制障碍尚未根本消除。为重塑新型城乡关系，走城乡融合发展之路，促进乡村振兴和农业农村现代化，现提出以下意见。

一、总体要求

（一）指导思想。以习近平新时代中国特色社会主义思想为指导，全面贯彻党的十九大和十九届二中、三中全会精神，紧紧围绕统筹推进“五位一体”总体布局和协调推进“四个全面”战略布局，坚持和加强党的全面领导，坚持以人民为中心的发展思想，坚持稳中求进工作总基调，坚持新发展理念，坚持推进高质量发展，坚持农业农村优先发展，以协调推进乡村振兴战略和新型城镇化战略为抓手，以缩小城乡发展差距和居民生活水平差距为目标，以完善产权制度和要素市场化配置为重点，坚决破除体制机制弊端，促进城乡要素自由流动、平等交换和公共资源合理配置，加快形成工农互促、城乡互补、全面融合、共同繁荣的新型工农城乡关系，加快推进农业农村现代化。

（二）基本原则

——坚持遵循规律、把握方向。顺应城镇化大趋势，牢牢把握城乡融合发展正确方向，树立城乡一盘棋理念，突出以工促农、以城带乡，构建促进城乡规划布局、要素配置、产业发展、基础设施、公共服务、生态保护等相互融合和协同发展的体制机制。

——坚持整体谋划、重点突破。围绕乡村全面振兴和社会主义现代化国家建设目标，强化统筹谋划和顶层设计，增强改革的系统性、整体性、协同性，着力破除户籍、土地、资本、公共服务等方面的体制机制弊端，为城乡融合发展提供全方位制度供给。

——坚持因地制宜、循序渐进。充分考虑不同地区城乡融合发展阶段和乡村差异性，稳妥把握改革时序、节奏和步骤，尊重基层首创精神，充分发挥地方积极性，分类施策、梯次推进，试点先行、久久为功，形成符合实际、各具特色的改革路径和城乡融合发展模式。

——坚持守住底线、防范风险。正确处理改革发展稳定关系，在推进体制机制破旧立新过程中，守住土地所有制性质不改变、耕地红线不突破、农民利益不受损底线，守住生态保护红线，守住乡村文化根脉，高度重视和有效防范各类政治经济社会风险。

——坚持农民主体、共享发展。发挥农民在乡村振兴中的主体作用，充分尊重农民意愿，切实保护农民权益，调动亿万农民积极性、主动性、创造性，推动农业全面升级、农村全面进步、农民全面发展，不断提升农民获得感、幸福感、安全感。

（三）主要目标

——到 2022 年，城乡融合发展体制机制初步建立。城乡要素自由流动制度性通道基本打通，城市落户限制逐步消除，城乡统一建设用地市场基本建成，金融服务乡村振兴的能力明显提升，农村产权保护交易制度框架基本形成，基本公共服务均等化水平稳步提高，乡村治理体系不断健全，经济发达地区、都市圈和城市郊区在体制机制改革上率先取得突破。

——到 2035 年，城乡融合发展体制机制更加完善。城镇化进入成熟期，城乡发展差距和居民生活水平差距显著缩小。城乡有序流动的人口迁徙制度基本建立，城乡统一建设用地市场全面形成，城乡普惠金融服务体系全面建成，基本公共服务均等化基本实现，乡村治理体系更加完善，农业农村现代化基本实现。

——到本世纪中叶，城乡融合发展体制机制成熟定型。城乡全面融合，乡村全面振兴，全体人民共同富裕基本实现。

二、建立健全有利于城乡要素合理配置的体制机制

坚决破除妨碍城乡要素自由流动和平等交换的体制机制壁垒，促进各类要素更多向乡村流动，在乡村形成人才、土地、资金、产业、信息汇聚的良性循环，为乡村振兴注入新动能。

（四）健全农业转移人口市民化机制。有力有序有效深化户籍制度改革，放开放宽除个别超大城市外的城市落户限制。加快实现城镇基本公共服务常住人口全覆盖。以城市群为主体形态促进大中小城市和小城镇协调发展，增强中小城市人口承载力和吸引力。建立健全由政府、企业、个人共同参与的农业转移人口市民化成本分担机制，全面落实支持农业转移人口市民化的财政政策、城镇建设用地增加规模与吸纳农业转移人口落户数量挂钩政策，以及中央预算内投资安排向吸纳农业转移人口落户数量较多的城镇倾斜政策。维护进城落户农民土地承包权、宅基地使用权、集体收益分配权，支持引导其依法自愿有偿转让上述权益。提升城市包容性，推动农民工特别是新生代农民工融入城市。

（五）建立城市人才入乡激励机制。制定财政、金融、社会保障等激励政策，吸引各类人才返乡入乡创业。鼓励原籍普通高校和职业院校毕业生、外出农民工及经商人员回乡创业兴业。推进大学生村官与选调生工作衔接，鼓励引导高校毕业生到村任职、扎根基层、发挥作用。建立选派第一书记工作长效机制。建立城乡人才合作交流机制，探索通过岗编适度分离等多种方式，推进城市教科文卫体等工作人员定期服务乡村。推动职称评定、工资待遇等向乡村教师、医生倾斜，优化乡村教师、医生中高级岗位结构比例。引导规划、建筑、园林等设计人员入乡。允许农村集体经济组织探索人才加入机制，吸引人才、留住人才。

（六）改革完善农村承包地制度。保持农村土地承包关系稳定并长久不变，落实第二轮土地承包到期后再延长30年政策。加快完成农村承包地确权登记颁证。完善农村承包地“三权分置”制度，在依法保护集体所有权和农户承包权前提下，平等保护并进一步放活土地经营权。健全土地流转规范管理制度，强化规模经营管理服务，允许土地经营权入股从事农业产业化

经营。

（七）稳慎改革农村宅基地制度。加快完成房地一体的宅基地使用权确权登记颁证。探索宅基地所有权、资格权、使用权“三权分置”，落实宅基地集体所有权，保障宅基地农户资格权和农民房屋财产权，适度放活宅基地和农民房屋使用权。鼓励农村集体经济组织及其成员盘活利用闲置宅基地和闲置房屋。在符合规划、用途管制和尊重农民意愿前提下，允许县级政府优化村庄用地布局，有效利用乡村零星分散存量建设用地。推动各地制定省内统一的宅基地面积标准，探索对增量宅基地实行集约有奖、对存量宅基地实行退出有偿。

（八）建立集体经营性建设用地入市制度。加快完成农村集体建设用地使用权确权登记颁证。按照国家统一部署，在符合国土空间规划、用途管制和依法取得前提下，允许农村集体经营性建设用地入市，允许就地入市或异地调整入市；允许村集体在农民自愿前提下，依法把有偿收回的闲置宅基地、废弃的集体公益性建设用地转变为集体经营性建设用地入市；推动城中村、城边村、村级工业园等可连片开发区域土地依法合规整治入市；推进集体经营性建设用地使用权和地上建筑物所有权房地一体、分割转让。完善农村土地征收制度，缩小征地范围，规范征地程序，维护被征地农民和农民集体权益。

（九）健全财政投入保障机制。鼓励各级财政支持城乡融合发展及相关平台和载体建设，发挥财政资金四两拨千斤作用，撬动更多社会资金投入。建立涉农资金统筹整合长效机制，提高资金配置效率。调整土地出让收入使用范围，提高农业农村投入比例。支持地方政府在债务风险可控前提下发行政府债券，用于城乡融合公益性项目。

（十）完善乡村金融服务体系。加强乡村信用环境建设，推动农村信用社和农商行回归本源，改革村镇银行培育发展模式，创新中小银行和地方银行金融产品提供机制，加大开发性和政策性金融支持力度。依法合规开展农村集体经营性建设用地使用权、农民房屋财产权、集体林权抵押融资，以及承包地经营权、集体资产股权等担保融资。实现已入市集体土地与国有土地在资本市场同地同权。建立健全农业信贷担保体系，鼓励有条件有需求的地区按市场化方式设立担保机构。加快完善农业保险制度，推动政策性保险扩面、增品、提标，降低农户生产经营风险。支持通过市场化方式设立城乡融合发展基金，引导社会资本培育一批国家城乡融合典型项目。完善农村金融风险防范处置机制。

（十一）建立工商资本入乡促进机制。深化“放管服”改革，强化法律规划政策指导和诚信建设，打造法治化便利化基层营商环境，稳定市场主体预期，引导工商资本为城乡融合发展提供资金、产业、技术等支持。完善融资贷款和配套设施建设补助等政策，鼓励工商资本投资适合产业化规模化集约化经营的农业领域。通过政府购买服务等方式，支持社会力量进入乡村生活性服务业。支持城市搭建城中村改造合作平台，探索在政府引导下工商资本与村集体合作共赢模式，发展壮大村级集体经济。建立工商资本租赁农地监管和风险防范机制，严守耕地保护红线，确保农地农用，防止农村集体产权和农民合法利益受到侵害。

（十二）建立科技成果入乡转化机制。健全涉农技术创新市场导向机制和产学研用合作机制，鼓励创建技术转移机构和技术服务网络，建立科研人员到乡村兼职和离岗创业制度，探索其在涉农企业技术入股、兼职兼薪机制。建立健全农业科研成果产权制度，赋予科研人员科技成果所有权。发挥政府引导推动作用，建立有利于涉农科研成果转化推广的激励机制与利益分享机制。探索公益性和经营性农技推广融合发展机制，允许农技人员通过提供增值服务合理取酬。

三、建立健全有利于城乡基本公共服务普惠共享的体制机制

推动公共服务向农村延伸、社会事业向农村覆盖，健全全民覆盖、普惠共享、城乡一体的基本公共服务体系，推进城乡基本公共服务标准统一、制度并轨。

（十三）建立城乡教育资源均衡配置机制。优先发展农村教育事业，建立以城带乡、整体推进、城乡一体、均衡发展的义务教育发展机制。鼓励省级政府建立统筹规划、统一选拔的乡村教师补充机制，为乡村学校输送优秀高校毕业生。推动教师资源向乡村倾斜，通过稳步提高待遇等措施增强乡村教师岗位吸引力。实行义务教育学校教师“县管校聘”，推行县域内校长教师交流轮岗和城乡教育联合体模式。完善教育信息化发展机制，推动优质教

育资源城乡共享。多渠道增加乡村普惠性学前教育资源，推行城乡义务教育学校标准化建设，加强寄宿制学校建设。

（十四）健全乡村医疗卫生服务体系。建立和完善相关政策制度，增加基层医务人员岗位吸引力，加强乡村医疗卫生人才队伍建设。改善乡镇卫生院和村卫生室条件，因地制宜建立完善医疗废物收集转运体系，提高慢性病、职业病、地方病和重大传染病防治能力，加强精神卫生工作，倡导优生优育。健全网络化服务运行机制，鼓励县医院与乡镇卫生院建立县域医共体，鼓励城市大医院与县医院建立对口帮扶、巡回医疗和远程医疗机制。全面建立分级诊疗制度，实行差别化医保支付政策。因地制宜建立完善全民健身服务体系。

（十五）健全城乡公共文化服务体系。统筹城乡公共文化设施布局、服务提供、队伍建设，推动文化资源重点向乡村倾斜，提高服务的覆盖面和适用性。推行公共文化服务参与式管理模式，建立城乡居民评价与反馈机制，引导居民参与公共文化服务项目规划、建设、管理和监督，推动服务项目与居民需求有效对接。支持乡村民间文化团体开展符合乡村特点的文化活动。推动公共文化服务社会化发展，鼓励社会力量参与。建立文化结对帮扶机制，推动文化工作者和志愿者等投身乡村文化建设。划定乡村建设的历史文化保护线，保护好农业遗迹、文物古迹、民族村寨、传统村落、传统建筑和灌溉工程遗产，推动非物质文化遗产活态传承。发挥风俗习惯、村规民约等优秀传统文化基因的重要作用。

（十六）完善城乡统一的社会保险制度。完善统一的城乡居民基本医疗保险、大病保险和基本养老保险制度。巩固医保全国异地就医联网直接结算。建立完善城乡居民基本养老保险待遇确定和基础养老金正常调整机制。做好社会保险关系转移接续工作，建立以国家政务服务平台为统一入口的社会保险公共服务平台。构建多层次农村养老保障体系，创新多元化照料服务模式。

（十七）统筹城乡社会救助体系。做好城乡社会救助兜底工作，织密兜牢困难群众基本生活安全网。推进低保制度城乡统筹，健全低保标准动态调整机制，确保动态管理下应保尽保。全面实施特困人员救助供养制度，提高托底保障能力和服务质量。做好困难农民重特大疾病救助工作。健全农村留守儿童和妇女、老年人关爱服务体系。健全困境儿童保障工作体系，完善残疾人福利制度和服务体系。改革人身损害赔偿制度，统一城乡居民赔偿标准。

（十八）建立健全乡村治理机制。建立健全党组织领导的自治、法治、德治相结合的乡村治理体系，发挥群众参与治理主体作用，增强乡村治理能力。强化农村基层党组织领导作用，全面推行村党组织书记通过法定程序担任村委会主任和村级集体经济组织、合作经济组织负责人，健全以财政投入为主的稳定的村级组织运转经费保障机制。加强农村新型经济组织和社会组织的党建工作，引导其坚持为农村服务。加强自治组织规范化制度化建设，健全村级议事协商制度。打造一门式办理、一站式服务、线上线下结合的村级综合服务平台，完善网格化管理体系和乡村便民服务体系。

四、建立健全有利于城乡基础设施一体化发展的体制机制

把公共基础设施建设重点放在乡村，坚持先建机制、后建工程，加快推动乡村基础设施提档升级，实现城乡基础设施统一规划、统一建设、统一管护。

（十九）建立城乡基础设施一体化规划机制。以市县域为整体，统筹规划城乡基础设施，统筹布局道路、供水、供电、信息、广播电视、防洪和垃圾污水处理等设施。统筹规划重要市政公用设施，推动向城市郊区乡村和规模较大中心镇延伸。推动城乡路网一体规划设计，畅通城乡交通运输连接，加快实现县乡村（户）道路联通、城乡道路客运一体化，完善道路安全防范措施。统筹规划城乡污染物收运处置体系，严防城市污染上山下乡，因地制宜统筹处理城乡垃圾污水，加快建立乡村生态环境保护和美丽乡村建设长效机制。加强城乡公共安全视频监控规划、建设和联网应用，统一技术规范、基础数据和数据开放标准。

（二十）健全城乡基础设施一体化建设机制。明确乡村基础设施的公共产品定位，构建事权清晰、权责一致、中央支持、省级统筹、市县负责的城乡基础设施一体化建设机制。健全分级分类投入机制，对乡村道路、水利、渡口、公交和邮政等公益性强、经济性差的设施，建设投入以政府为主；对乡村供水、垃圾污水处理和农贸市场等有一定经济收益的设施，政府加大投

入力度，积极引入社会资本，并引导农民投入；对乡村供电、电信和物流等经营性为主的设施，建设投入以企业为主。支持有条件的地方政府将城乡基础设施项目整体打包，实行一体化开发建设。

（二十一）建立城乡基础设施一体化管护机制。合理确定城乡基础设施统一管护运行模式，健全有利于基础设施长期发挥效益的体制机制。对城乡道路等公益性设施，管护和运行投入纳入一般公共财政预算。明确乡村基础设施产权归属，由产权所有者建立管护制度，落实管护责任。以政府购买服务等方式引入专业化企业，提高管护市场化程度。推进城市基础设施建设运营事业单位改革，建立独立核算、自主经营的企业化管理模式，更好行使城乡基础设施管护责任。

五、建立健全有利于乡村经济多元化发展的体制机制

围绕发展现代农业、培育新产业新业态，完善农企利益紧密联结机制，实现乡村经济多元化和农业全产业链发展。

（二十二）完善农业支持保护制度。以市场需求为导向，深化农业供给侧结构性改革，走质量兴农之路，不断提高农业综合效益和竞争力。全面落实永久基本农田特殊保护制度，划定粮食生产功能区和重要农产品生产保护区，完善支持政策。按照增加总量、优化存量、提高效能的原则，强化高质量发展导向，加快构建农业补贴政策体系。发展多种形式农业适度规模经营，健全现代农业产业体系、生产体系、经营体系。完善支持农业机械化政策，推进农业机械化全程全面发展，加强面向小农户的社会化服务。完善农业绿色发展制度，推行农业清洁生产方式，健全耕地草原森林河流湖泊休养生息制度和轮作休耕制度。

（二十三）建立新产业新业态培育机制。构建农村一二三产业融合发展体系，依托“互联网+”和“双创”推动农业生产经营模式转变，健全乡村旅游、休闲农业、民宿经济、农耕文化体验、健康养老等新业态培育机制，探索农产品个性化定制服务、会展农业和农业众筹等新模式，完善农村电子商务支持政策，实现城乡生产与消费多层次对接。适应居民消费升级趋势，制定便利市场准入、加强事中事后监管政策，制定相关标准，引导乡村新产业改善服务环境、提升品质。在年度新增建设用地计划指标中安排一定比例

支持乡村新产业新业态发展，探索实行混合用地等方式。严格农业设施用地管理，满足合理需求。

（二十四）探索生态产品价值实现机制。牢固树立绿水青山就是金山银山的理念，建立政府主导、企业和社会各界参与、市场化运作、可持续的城乡生态产品价值实现机制。开展生态产品价值核算，通过政府对公共生态产品采购、生产者对自然资源约束性有偿使用、消费者对生态环境附加值付费、供需双方在生态产品交易市场中的权益交易等方式，构建更多运用经济杠杆进行生态保护和环境治理的市场体系。完善自然资源资产产权制度，维护参与者权益。完善自然资源价格形成机制，建立自然资源政府公示价格体系，推进自然资源资产抵押融资，增强市场活力。

（二十五）建立乡村文化保护利用机制。立足乡村文明，吸取城市文明及外来文化优秀成果，推动乡村优秀传统文化创造性转化、创新性发展。推动优秀农耕文化遗产保护与合理适度利用。建立地方和民族特色文化资源挖掘利用机制，发展特色文化产业。创新传统工艺振兴模式，发展特色工艺产品和品牌。健全文物保护单位和传统村落整体保护利用机制。鼓励乡村建筑文化传承创新，强化村庄建筑风貌规划管控。培育挖掘乡土文化本土人才，引导企业积极参与，显化乡村文化价值。

（二十六）搭建城乡产业协同发展平台。培育发展城乡产业协同发展先行区，推动城乡要素跨界配置和产业有机融合。把特色小镇作为城乡要素融合重要载体，打造集聚特色产业的创新创业生态圈。优化提升各类农业园区。完善小城镇联结城乡的功能，探索创新美丽乡村特色化差异化发展模式，盘活用好乡村资源资产。创建一批城乡融合典型项目，形成示范带动效应。

（二十七）健全城乡统筹规划制度。科学编制市县发展规划，强化城乡一体设计，统筹安排市县农田保护、生态涵养、城镇建设、村落分布等空间布局，统筹推进产业发展和基础设施、公共服务等建设，更好发挥规划对市县发展的指导约束作用。按照“多规合一”要求编制市县空间规划，实现土地利用规划、城乡规划等有机融合，确保“三区三线”在市县层面精准落地。加快培育乡村规划设计、项目建设运营等方面人才。综合考虑村庄演变规律、集聚特点和现状分布，鼓励有条件的地区因地制宜编制村庄规划。

六、建立健全有利于农民收入持续增长的体制机制

拓宽农民增收渠道，促进农民收入持续增长，持续缩小城乡居民生活水平差距。

（二十八）完善促进农民工资性收入增长环境。推动形成平等竞争、规范有序、城乡统一的劳动力市场，统筹推进农村劳动力转移就业和就地创业就业。规范招工用人制度，消除一切就业歧视，健全农民工劳动权益保护机制，落实农民工与城镇职工平等就业制度。健全城乡均等的公共就业创业服务制度，努力增加就业岗位和创业机会。提高新生代农民工职业技能培训的针对性和有效性，健全农民工输出输入地劳务对接机制。

（二十九）健全农民经营性收入增长机制。完善财税、信贷、保险、用地等政策，加强职业农民培训，培育发展新型农业经营主体。建立农产品优质优价正向激励机制，支持新型经营主体发展“三品一标”农产品、打造区域公用品牌，提高产品档次和附加值。引导龙头企业与农民共建农业产业化联合体，让农民分享加工销售环节收益。完善企业与农民利益联结机制，引导农户自愿以土地经营权等入股企业，通过利润返还、保底分红、股份合作等多种形式，拓宽农民增收渠道。促进小农户和现代农业发展有机衔接，突出抓好农民合作社和家庭农场两类农业经营主体发展，培育专业化市场化服务组织，帮助小农户节本增收。

（三十）建立农民财产性收入增长机制。以市场化改革为导向，深化农村集体产权制度改革，推动资源变资产、资金变股金、农民变股东。加快完成农村集体资产清产核资，把所有权确权到不同层级的农村集体经济组织成员集体。加快推进经营性资产股份合作制改革，将农村集体经营性资产以股份或者份额形式量化到本集体成员。对财政资金投入农业农村形成的经营性资产，鼓励各地探索将其折股量化到集体经济组织成员。创新农村集体经济运行机制，探索混合经营等多种实现形式，确保集体资产保值增值和农民收益。完善农村集体产权权能，完善农民对集体资产股份占有、收益、有偿退出及担保、继承权。

（三十一）强化农民转移性收入保障机制。履行好政府再分配调节职能，完善对农民直接补贴政策，健全生产者补贴制度，逐步扩大覆盖范围。在统

筹整合涉农资金基础上，探索建立普惠性农民补贴长效机制。创新涉农财政性建设资金使用方式，支持符合条件的农业产业化规模化项目。

（三十二）强化打赢脱贫攻坚战体制机制。坚持精准扶贫、精准脱贫，进一步完善中央统筹、省负总责、市县抓落实的工作机制，采取更加有力的举措、更加集中的支持、更加精细的工作，着力提高脱贫质量。改进帮扶方式方法，更多采用生产奖补、劳务补助、以工代赈等机制，推动贫困群众通过自己的辛勤劳动脱贫致富。对完全或部分丧失劳动能力的特殊贫困人口，综合实施保障性扶贫政策。聚焦深度贫困地区，以解决突出制约问题为重点，以重大扶贫工程和到村到户帮扶为抓手，加大政策倾斜和扶贫资金整合力度，着力改善发展条件，增强贫困农户发展能力。

七、组织保障

各地区各部门要统一思想，深刻认识建立健全城乡融合发展体制机制的重要意义，顺应经济社会发展规律，根据城乡关系发展特征，把握节奏、持续用力、久久为功，确保各项改革任务扎实有序推进。

（三十三）加强党的领导。确保党在推动城乡融合发展中始终总揽全局、协调各方，做到“两个维护”。加强各级党组织的领导，充分发挥城乡基层党组织战斗堡垒作用，为城乡融合发展提供坚强政治保障。

（三十四）强化分工协作。国家发展改革委牵头建立城乡融合发展工作协同推进机制，明确分工、强化责任，加强统筹协调和跟踪督导。各有关部门要围绕人口、土地、财政、金融和产权等任务，制定细化配套改革措施。重大事项及时向党中央、国务院报告。

（三十五）压实地方责任。地方党委和政府要增强主体责任意识，当好改革促进派和实干家，结合本地实际制定细化可操作的城乡融合发展体制机制政策措施，整合力量、扭住关键、精准发力，以钉钉子精神抓好落实。

（三十六）注重试点引路。把试点作为重要改革方法，选择有一定基础的市县两级设立国家城乡融合发展试验区，支持制度改革和政策安排率先落地，先行先试、观照全局，及时总结提炼可复制的典型经验并加以宣传推广。

附录二：2022 年新型城镇化和城乡融合发展重点任务

（2022 年 3 月 10 日）

以习近平新时代中国特色社会主义思想为指导，贯彻落实中央经济工作会议精神，贯彻落实《国家新型城镇化规划（2021—2035 年）》，深入推进以人为核心的新型城镇化战略，提高新型城镇化建设质量，以实际行动迎接党的二十大胜利召开。

一、提高农业转移人口市民化质量

坚持把推进农业转移人口市民化作为新型城镇化首要任务，重点针对存量未落户人口深化户籍制度改革，健全常住地提供基本公共服务制度，提高农业转移人口融入城市水平。

（一）持续深化户籍制度改革。各类城市要根据资源环境承载能力和经济社会发展实际需求，畅通在本地稳定就业生活的农业转移人口举家进城落户渠道。城区常住人口 300 万以下城市落实全面取消落户限制政策。实行积分落户政策的城市确保社保缴纳年限和居住年限分数占主要比例。鼓励人口集中流入城市区分中心城区和新区郊区等区域，制定差异化落户政策。推动具备条件的都市圈和城市群内户籍准入年限同城化累计互认。（公安部、发展改革委、各省级有关部门等负责。以下任务均需各省级有关部门落实，不再列出）

（二）推进城镇基本公共服务均等化。积极扩大公办学位资源，以流入地政府为主、公办学校为主，保障农民工随迁子女平等接受义务教育，落实以居住证为主要依据的随迁子女入学政策，优先将随迁子女占比较高的民办义务教育学校纳入政府购买学位范围。以新生代农民工为重点推动参保扩面，推动企业为农民工缴纳职工养老、医疗、工伤、失业、生育等社会保险费，合理引导灵活就业农民工按规定参加基本医疗保险和基本养老保险。推进异地就医跨省直接结算扩面，实现每县开通至少一家联网定点医疗机构开展门诊费用跨省直接结算。推进落实新就业形态就业人员职业伤害保障试点。有条件的地区要落实外埠老年人同等享受本地优待项目。完善基本公共服务标准体系。探索推行电子居住证。（发展改革委、教育部、财政部、人力资源社会保障部、公安部、卫生健康委、医保局等负责）

（三）加强农民工就业服务和技能培训。稳定和扩大农民工就业岗位，拓宽灵活就业渠道，规范平台企业用工，建设一批规范化零工市场。推进劳务品牌建设，健全劳务品牌质量体系和评价标准。清理整顿人力资源市场和劳务派遣等领域秩序，严厉打击就业歧视和非法职介等侵权行为。大力开展适合农民工就业的技能培训和新职业新业态培训，深入实施"技能中国"行动，以实用性、针对性为导向，开展农民工补贴性培训 600 万人次以上。（人力资源社会保障部等负责）

（四）健全配套政策体系。加大中央财政农业转移人口市民化奖励资金支持力度，进一步发挥中央财政市民化奖励资金激励作用。推动省级财政建立健全农业转移人口市民化奖励机制，重点支持吸纳跨市域农业转移人口落户多的城市。健全城镇建设用地增加规模与吸纳农业转移人口落户数量挂钩机制。依法保障进城落户农民的农村土地承包权、宅基地使用权、集体收益分配权，健全市场化退出机制。发布"七普""六普"各城市城区常住人口和市域常住人口数据，做好各级行政区户籍人口城镇化率统计工作。（财政部、公安部、发展改革委、自然资源部、农业农村部、统计局等负责）

二、持续优化城镇化空间布局和形态

促进大中小城市和小城镇协调发展，推动形成疏密有致、分工协作、功能完善的城镇化空间格局。

（五）健全城市群一体化发展机制。积极推进京津冀协同发展，有序推进粤港澳大湾区建设，提升长三角一体化发展水平。制定出台成渝地区双城经济圈建设年度工作要点，推进一批重大项目和重大平台建设，开展经济区和行政区适度分离改革。印发实施长江中游、北部湾、关中平原城市群发展"十四五"实施方案，推动建立城市群多层次、常态化协商协调机制。有序

引导其他城市群发展，深化基础设施、产业科技、生态环境、公共服务等领域合作。（发展改革委等负责）

（六）培育发展现代化都市圈。健全省级统筹、中心城市牵头、周边城市协同的都市圈同城化推进机制。支持有条件的都市圈科学规划多层次轨道交通，统筹利用既有线与新线发展城际铁路和市域（郊）铁路，摸排打通国家公路和省级公路“瓶颈路”，打造1小时通勤圈。支持合作共建产业园区，促进教育医疗资源共享，健全重大突发事件联防联控机制。支持有条件的都市圈探索建立税收分享和经济统计分成机制。（发展改革委、交通运输部、自然资源部、住房城乡建设部、教育部、卫生健康委、国铁集团等负责）

（七）促进超大特大城市优化发展。疏解非核心功能，提高健康宜居安全水平。系统运用资源环境承载能力、国土空间开发适宜性评价、城市体检结果，开展城市风险评估。中心城区人口密度高且人口持续流入的超大特大城市要有序实施功能疏解。高质量高标准推进国家级新区建设，完善郊区新城功能，推动组团式发展。（发展改革委、自然资源部、住房城乡建设部等负责）

（八）推进以县城为重要载体的城镇化建设。支持一批具有良好区位优势和产业基础、资源环境承载能力较强、集聚人口经济条件较好的县城发展。推进县城产业配套设施提质增效、市政公用设施提档升级、公共服务设施提标扩面、环境基础设施提级扩能，促进县乡村功能衔接互补。统筹运用中央预算内投资、地方政府专项债券、县城新型城镇化建设专项企业债券、开发性政策性及商业性金融机构信贷等资金，在不新增隐性债务前提下支持符合条件项目。加强存量低效建设用地再开发，合理安排新增建设用地计划指标。支持120个县城建设示范地区率先推动县城补短板强弱项，支持20个县城产业转型升级示范园区建设。（发展改革委、财政部、人民银行、国资委、自然资源部、住房城乡建设部、农业农村部、工业和信息化部、开发银行、农业发展银行等负责）

（九）完善边境地区城镇功能。推动边境城市加快发展，支持丹东、黑河、防城港等东北地区和西南地区边境地级市吸引集聚人口。开展兴边富民行动中心城镇建设试点，提高城镇综合承载能力。依托沿边公路、边民互市贸易点等，规划建设抵边新村。完善边境地区公路网络。增强边境口岸和城市的重大疫情防控救治能力，规范发热门诊建设管理。（发展改革委、交通运输部、自然资源部、住房城乡建设部、卫生健康委等负责）

（十）促进特色小镇规范健康发展。推动落实《关于促进特色小镇规范健康发展意见的通知》及《关于印发全国特色小镇规范健康发展导则的通知》。健全各省份特色小镇清单管理制度，加强监测监督监管，防范处置违规行为，通报负面警示案例。（发展改革委、自然资源部、生态环境部、市场监管总局等负责）

三、加快推进新型城市建设

坚持人民城市人民建、人民城市为人民，建设宜居、韧性、创新、智慧、绿色、人文城市。

（十一）有序推进城市更新。加快改造城镇老旧小区，推进水电路气信等配套设施建设及小区内建筑物屋面、外墙、楼梯等公共部位维修，有条件的加装电梯，力争改善840万户居民基本居住条件。更多采用市场化方式推进大城市老旧厂区改造，培育新产业、发展新功能。因地制宜改造一批大型老旧街区和城中村。注重修缮改造既有建筑，防止大拆大建。（住房城乡建设部、发展改革委、自然资源部、商务部、农业农村部、开发银行等负责）

（十二）加强住房供应保障。以人口净流入的大城市为重点，扩大保障性租赁住房供给，着力解决符合条件的新市民、青年人等群体住房困难问题。保障性租赁住房主要利用农村集体经营性建设用地、企事业单位自有闲置土地、产业园区配套用地和存量闲置房屋建设，适当利用新供应国有建设用地建设。提高住宅用地中保障性租赁住房用地比例，单列租赁住房用地供应计划，主要安排在产业园区及周边、轨道交通站点附近、城市重点建设片区等区域。（住房城乡建设部、自然资源部、发展改革委等负责）

（十三）健全便民服务设施。探索社区综合服务设施“一点多用”，统筹设立托育服务设施、养老服务站、家政服务网点、体育健身设施、微型消防站、维修点、食堂、公共阅读空间，补齐养老服务设施短板，建设智能快件箱（信包箱）。发展社区商业，发挥个体工商户贴近社区优势，加大低成本场地安排和物流配送等配套政策帮扶力度。推动社区和易地扶贫搬迁集中安置区配套建设与人口规模相适应的幼儿园。建设以配建停车场为主、路外公共停车场为辅、路内停车为补充的城市停车系统，在人流密集的公共场所增加非机动车停放设施。加快建设充电桩，优化公共充换电设施建设布局。推动体育公园绿色空间与健身设施有机融合，打造绿色便捷的全民健身新载体。（发展改革委、住房城乡建设部、教育部、卫生健康委、民政部、商务部、自然资源部、能源局等负责）

（十四）开展燃气管道等老化更新改造。重点改造材质落后、使用年限较长、运行环境存在安全隐患、不符合相关标准规范规定的燃气、供水、排水、供热等老化管道及设施。开展公共供水管网漏损治理。开展电网升级改造，推动必要的路面电网及通信网架空线入地。（住房城乡建设部、发展改革委、开发银行、农业发展银行等负责）

（十五）健全防洪排涝设施。统筹防洪与排涝，整体提升城市洪涝灾害防御能力。推动河湖水系和生态空间治理修复，增加雨水调蓄空间。推动排水管网及泵站改造与建设，提高排水防涝能力。建设排涝通道，提高雨洪行泄能力。实施雨水源头减排工程，提高地面蓄水、渗水能力。实施防洪提升工程，降低外洪入城风险。（住房城乡建设部、自然资源部、发展改革委、水利部、应急部等负责）

（十六）增强抵御冲击能力。系统排查灾害风险隐患，健全灾害监测体系，提高预警预报水平，建立健全灾害预警与应急响应联动机制。完善公立医院传染病救治设施和疾控中心，推动地级及以上城市建设传染病医院或相对独立的综合性医院传染病区。采取搬迁避让和工程治理等手段，防治泥石流和滑坡等地质灾害。开展重要建筑抗震鉴定及加固改造。加强城市高层建筑、大型商业综合体等重点场所消防安全管理。开展国家城市安全风险综合监测预警工作体系建设试点。（自然资源部、应急部、住房城乡建设部、卫生健康委、发展改革委等负责）

（十七）提升智慧化水平。完善国土空间基础信息平台，构建全国国土空间规划“一张图”。探索建设“城市数据大脑”，加快构建城市级大数据综合应用平台，打通城市数据感知、分析、决策、执行环节。推进市政公用设施及建筑等物联网应用、智能化改造，促进学校、医院、养老院、图书馆等资源数字化。推进政务服务智慧化，提供商事登记、办税缴费、证照证明、行政许可等线上办事便利。实施中西部地区中小城市基础网络完善工程。

（发展改革委、中央网信办、工业和信息化部、住房城乡建设部、自然资源部等负责）

（十八）推进绿色低碳发展。健全危险废弃物和医疗废弃物集中处理设施、大宗固体废弃物综合利用体系，积极稳妥推进生活垃圾分类工作。加快补齐城镇污水处理能力缺口，开展老旧破损和易造成积水内涝问题的污水管网、雨污合流制管网诊断修复更新。开展绿色生活创建行动，倡导绿色出行和绿色家庭、绿色社区建设。（住房城乡建设部、生态环境部、交通运输部、发展改革委、卫生健康委等负责）

（十九）加强历史文化保护传承。保护历史文化名城名镇和历史文化街区、历史建筑、历史地段，保留历史肌理、空间尺度、景观环境。加强革命文物、红色遗址、文化遗产保护，推进大遗址、石窟寺、重点文物古迹等保护利用，统筹做好整体保护、研究传承、展示利用。推动非物质文化遗产融入城市建设，鼓励建筑设计传承创新。禁止拆真建假、以假乱真，严禁随意拆除老建筑、大规模迁移砍伐老树，严禁侵占风景名胜区内土地。（住房城乡建设部、文化和旅游部、自然资源部、文物局、林草局等负责）

四、提升城市治理水平

树立全周期管理理念，提高城市治理科学化精细化智能化水平，推进城市治理体系和治理能力现代化。

（二十）强化空间治理。稳步推进市县国土空间规划编制工作，按照耕地和永久基本农田、生态保护红线、城镇开发边界的顺序，统筹划定落实三条控制线。制定报国务院审批城市国土空间总体规划审查工作规则，明确城市规模、开发强度、“三区三线”划定等要求。合理控制老城区开发强度，增加口袋公园、街心绿地、慢行系统等公共空间。严格限制新建建筑高度，治理“贪大、媚洋、求怪”等建筑乱象。（自然资源部、住房城乡建设部、统计局等负责）

（二十一）加强基层社会治理。坚持党对基层治理的全面领导，强化和巩固党建引领基层治理作用。推动社区居民委员会设立环境和物业管理委员会、公共卫生委员会，促进提高物业管理覆盖率和群众满意度。健全社区工作者职业体系，实施大学生社工计划，引导高校毕业生到社区就业创业。创新社区与社会组织、社会工作者、社区志愿者、社会慈善资源的联动机制。开展综合网络和全科网格建设，健全“社区发令、部门执行”等机制。建设一站式矛盾纠纷调处平台。（中央政法委、民政部、住房城乡建设部、教育部、卫生健康委、人力资源社会保障部等负责）

（二十二）优化行政区划设置。慎重从严把握撤县（市）改区，严控省会城市规模扩张，确需调整的要严格程序、充分论证。稳慎优化城市市辖区规模结构。（民政部、发展改革委等负责）

五、促进城乡融合发展

以县域为基本单元推动城乡融合发展，推进城镇基础设施向乡村延伸、公共服务和社会事业向乡村覆盖。

（二十三）推进城镇公共服务向乡村覆盖。积极建设城乡学校共同体，深化“县管校聘”改革，推进县域内义务教育优质均衡发展。发展普惠托育服务，构建多元化、多样化、覆盖城乡的婴幼儿照护服务体系，办好乡镇公办幼儿园。建设紧密型县域医共体，实行医保基金总额付费、结余留用，建立柔性人员上下流动机制，推动“县聘乡用、乡聘村用”。增强县级医院综合能力，通过对口帮扶、远程医疗、专科联盟等方式，推动城市优质医疗资源向县域下沉。健全县乡村衔接的养老服务网络，发展乡村互助式养老服务。（发展改革委、教育部、卫生健康委、民政部等负责）

（二十四）推进城镇基础设施向乡村延伸。因地制宜推动供水供气供热管网向城郊乡村和规模较大中心镇延伸，农村自来水普及率达到85%。推动县乡村（户）道路联通，促进城乡道路客运一体化。建设联结城乡的冷链物流、电商平台、农贸市场网络，建设重要农产品仓储设施和城乡冷链物流设施。推动城乡基础设施管护一体化。（住房城乡建设部、水利部、交通运输部、农业农村部、乡村振兴局、发展改革委、商务部等负责）

（二十五）稳步推进改革试验。稳妥扩大第二轮土地承包到期后再延长30年试点范围。积极探索实施农村集体经营性建设用地入市制度。深化农村宅基地制度改革试点，研究制定农村宅基地管理暂行办法。鼓励建立农村产权流转交易市场，推动全国联网、上下贯通。支持11个国家城乡融合发展试验区、农村改革试验区加快改革探索，总结推广典型经验。（农业农村

部、自然资源部、发展改革委等负责）

（二十六）推进巩固拓展脱贫攻坚成果同乡村振兴有效衔接。推动乡村振兴重点帮扶县增强巩固脱贫成果及内生发展能力，逐步实现由集中资源支持脱贫攻坚向全面推进乡村振兴平稳过渡。推进易地扶贫搬迁大中型集中安置区新型城镇化建设。（乡村振兴局、发展改革委、农业农村部等负责）

六、组织实施

（二十七）强化部际协同。依托城镇化工作暨城乡融合发展工作部际联席会议制度，国家发展改革委会同有关部门加强统筹协调和指导督促。有关部门要细化制定政策措施，组织调动本系统力量扎实推进。

（二十八）压实地方责任。各省级发展改革委要牵头会同省级有关部门，做好组织调度和任务分解，加大资金和用地等要素保障力度。市县级政府要切实推动任务落实、政策落地、项目见效，加快取得实质性进展。

附录三：25 个中央 1 号文件概要（1982—2023 年）

中央 1 号文件原指中共中央每年发布的第一份文件，现在已成为中共中央重视农业农民农村问题的专有名词。中共中央在 1982 年至 1986 年连续五年发布以农业、农村和农民为主题的中央 1 号文件，对农村改革和农业发展作出具体部署。2004 年至 2023 年又连续二十年发布以“三农”（农业、农村、农民）为主题的中央 1 号文件，凸显了“三农”问题在中国社会主义现代化建设中“重中之重”的地位，表明了党中央对重农强农的坚定态度。

1. 第一个中央 1 号文件

发布时间：1982 年 1 月 1 日

主要内容：

1982 年 1 月 1 日，中共中央批转 1981 年 12 月的《全国农村工作会议纪要》，这也是我们通常所说的改革开放后第一个中央 1 号文件，其主要内容就是肯定多种形式的责任制，特别是包干到户、包产到户。

这份文件提出，包产到户、到组，包干到户、到组，都是社会主义集体经济的生产责任制，明确“它不同于合作化以前的小私有的个体经济，而是社会主义农业经济的组成部分”。并第一次以中央的名义取消了包产到户的禁区，且宣布长期不变。文件的另一要点是强调尊重群众的选择，不同地区，不同条件，允许群众自由选择。同时还提出疏通流通领域，把统购统销纳入改革的议程，有步骤地进行价格体系的改革。

2. 第二个中央 1 号文件

发布时间：1983 年 1 月 2 日

主要内容：

1983 年 1 月 2 日，中共中央印发《当前农村经济政策的若干问题》。从理论上说明了家庭联产承包责任制“是在党的领导下中国农民的伟大创造，是马克思主义农业合作化理论在我国实践中的新发展”。这份当年的中央1号文件提出了“两个转化”，即促进农业从自给半自给经济向较大规模的商品生产转化，从传统农业向现代农业转化。

文件提出，我国农村应走农林牧副渔全面发展、农工商综合经营的道路；适应商品生产的需要，发展多种多样的合作经济，合作经济的生产资料公有化程度，按劳分配方式以及合作的内容和形式，可以有所不同；要坚持计划经济为主，市场调节为辅的方针，调整购销政策，改革国有商业体制，放手发展合作商业，适当发展个体商业。并强调，稳定和完善农业生产责任制，仍然是当前农村工作的主要任务。

3. 第三个中央1号文件

发布时间：1984年1月1日

主要内容：

如果说前两个1号文件着力解决农业和农村工商业微观经营主体问题，那么，此后的1号文件则要解决发育市场机制的问题。此前20多年，农村实行统购派购制度，农村产品交易均由公营商业高度垄断，而资金、土地、劳动力流动又受到多重限制。农村经济迫切要求放松历史上多年形成的政府垄断、管制，及其他阻碍农民进入市场的规定，以利于发展商品生产，摆脱穷困。

针对这些情况和基层诉求，1984年确立农村工作的重点是：在稳定和完善生产责任制的基础上，提高生产力水平，疏理流通渠道，发展商品生产。当年的1号文件即《关于1984年农村工作的通知》中提出，延长土地承包期，土地承包期一般应在十五年以上……允许有偿转让土地使用权；鼓励农民向各种企业投资入股；继续减少统派购的品种和数量；允许务工、经商、办服务业的农民自理口粮到集镇落户。

4. 第四个中央1号文件

发布时间：1985年1月

主要内容：

农产品统购派购制度，过去曾起了保证供给、支持建设的积极作用，但随着生产的发展，它的弊端就日益表现出来。因此，在打破集体经济中的

“大锅饭”之后，还必须进一步改革农村经济管理体制，在国家计划指导下，扩大市场调节，进一步把农村经济搞活。

1985年的中央1号文件名为《关于进一步活跃农村经济的十项政策》。文件明确提出，“从今年起，除个别品种外，国家不再向农民下达农产品统购派购任务，按照不同情况，分别实行合同定购和市场收购。”至此，30年来的农副产品统购统销制度被取消。

5. 第五个中央1号文件

发布时间：1986年1月1日

主要内容：

我国农村在实行了联产承包责任制之后，1985年又在改革农产品统购派购制度、调整产业结构方面迈出了重大的一步。成效十分显著。但由于未能及时调整工农、城乡的利益分配关系，农业生产中出现了一些问题。对此，1985年年底的农村工作部署，强调“摆正农业在国民经济中的地位”。会议形成的1986年中央1号文件即《关于1986年农村工作的部署》。

文件明确指出：我国是十亿人口、八亿农民的大国，绝不能由于农业情况有了好转就放松农业，也不能因为农业基础建设周期长、见效慢而忽视对农业的投资，更不能因为农业占国民经济产值的比重逐步下降而否定农业的基础地位。

6. 第六个中央1号文件

发布时间：2004年2月9日

主要内容：

2003年12月31日，《中共中央　国务院关于促进农民增加收入若干政策的意见》出台，并于2004年2月9日公布。时隔18年之后中央就“三农”问题再次下发1号文件。

当时农业农村发展的一个突出问题是，农民增收困难。城乡居民收入差距由20世纪80年代的1.8∶1扩大到了3.1∶1。农民增收困难不仅制约了农村经济发展也影响了整个国民经济的增长。不仅是重大的经济问题，而且是重大的政治问题。

《中共中央　国务院关于促进农民增加收入若干政策的意见》提出，要

"坚持'多予、少取、放活'的方针，调整农业结构，扩大农民就业，加快科技进步，深化农村改革，增加农业投入，强化对农业支持保护，力争实现农民收入较快增长，尽快扭转城乡居民收入差距不断扩大的趋势。"文件共22条，提出了一系列含金量高、指向明确的实实在在的政策措施。

7. 第七个中央1号文件

发布时间：2005年1月30日

主要内容：

2004年中央1号文件下发后，各地区各部门认真贯彻落实中央决策，有效保护和调动了农民积极性，农村呈现出良好的发展局面。但农业依然是国民经济发展的薄弱环节，投入不足、基础脆弱的状况并没有改变，粮食增产、农民增收的长效机制并没有建立，保持农村发展好势头的任务非常艰巨。

加强农业基础，繁荣农村经济，必须继续采取综合措施。2005年2月，《中共中央　国务院关于进一步加强农村工作提高农业综合生产能力若干政策的意见》下发。文件指出，当前和今后一个时期，要把加强农业基础设施建设，加快农业科技进步，提高农业综合生产能力，作为一项重大而紧迫的战略任务，切实抓紧抓好。并强调，要"以严格保护耕地为基础，以加强农田水利建设为重点，以推进科技进步为支撑，以健全服务体系为保障，力争经过几年的努力，使农业的物质技术条件明显改善，土地产出率和劳动生产率明显提高，农业综合效益和竞争力明显增强"。

8. 第八个中央1号文件

发布时间：2006年2月21日

主要内容：

2005年10月，党的十六届五中全会通过的《中共中央关于制定国民经济和社会发展第十一个五年规划的建议》，提出了建设社会主义新农村的重大历史任务。2006年2月21日，《中共中央　国务院关于推进社会主义新农村建设的若干意见》发布。

文件指出，建设社会主义新农村是中国现代化进程中的重大历史任务。农村人口多是中国的国情，只有发展好农村经济，建设好农民的家园，让农民过上宽裕的生活，才能保障全体人民共享经济社会发展成果，才能不断扩大内需和促进国民经济持续发展。

文件全文共32条，八个部分。文件强调：必须坚持以发展农村经济为中心，进一步解放和发展农村生产力；坚持“多予、少取、放活”的方针，重点在“多予”上下功夫，要动员各方面力量广泛参与。

9. 第九个中央1号文件

发布时间：2007年1月29日

主要内容：

2007年1月29日，《中共中央　国务院关于积极发展现代农业扎实推进社会主义新农村建设的若干意见》公布。文件明确指出，社会主义新农村建设要把建设现代农业放在首位。

社会主义新农村建设得到了基层的热烈反响。但是，在实践中也存在一些偏差。强调新农村建设要把发展现代农业放在首位，有利于各地认真地贯彻党的十六届五中全会提出的精神，把社会主义新农村建设扎实、健康地向前推进。

文件提出，要用现代物质条件装备农业，用现代科学技术改造农业，用现代产业体系提升农业，用现代经营形式推进农业，用现代发展理念引领农业，用培养新型农民发展农业，提高农业水利化、机械化和信息化水平，提高土地产出率、资源利用率和农业劳动生产率，提高农业素质、效益和竞争力。

10. 第十个中央1号文件

发布时间：2008年1月30日

主要内容：

2008年1月30日，《中共中央　国务院关于切实加强农业基础建设进一步促进农业发展农民增收的若干意见》公布。2007年召开的党的十七大，明确提出“要加强农业基础地位，走中国特色农业现代化道路，建立以工促农、以城带乡长效机制，形成城乡经济社会发展一体化新格局”。当年中央1号文件的主题，既贯彻了党的十七大精神，又深化了上年中央1号文件关于把发展现代农业作为新农村建设首要任务的要求，抓住了保持经济稳定和促进农业发展的关键环节，亦可统筹兼顾农村各方面的工作。

全文涉及的政策性要求和措施有40多处，其中让农业和农民直接受惠的可以概括为“三个明显”“三个调整”“四个增加”“四个提高”和“两个大幅度”。体现了中央关于给农民的实惠要逐步增加，随着国家财力的增长对“三农”的支持力度要进一步加大的要求。

11. 第十一个中央1号文件

发布时间：2009年2月1日

主要内容：

2009年1号文件《中共中央　国务院关于2009年促进农业稳定发展农民持续增收的若干意见》呈现四大新亮点。

一是农民种粮支持力度再度加大。包括加大对农业的基础设施和科技服务方面的投入，加大对农业的各项直接补贴等。

二是加大力度解决农民工就业问题。文件提出，城乡基础设施建设和新增公益性就业岗位，要尽量多使用农民工；采取以工代赈等方式引导农民参与农业农村基础设施建设。

三是农村民生建设重点投向农村电网建设，乡村道路建设，农村饮水安全工程建设，农村沼气建设，农村危房改造等5个领域。

四是农地流转强调进一步规范。对于党的十七届三中全会提出的毫不动摇地坚持农村基本经营制度方面，2009年1号文件首先强调要落实和保障农民的土地权益，重点做好两方面工作：对集体所有土地的所有权进一步界定清楚，并且保障其权益；对承包地地块的确权、登记和颁证工作。

12. 第十二个中央1号文件

发布时间：2010年1月31日

主要内容：

2010年初，《中共中央　国务院关于加大统筹城乡发展力度进一步夯实农业农村发展基础的若干意见》发布，在保持政策连续性、稳定性的基础上，进一步完善、强化“三农”工作的好政策，提出了一系列新的重大原则和措施，包括健全强农惠农政策体系，推动资源要素向农村配置；提高现代农业装备水平，促进农业发展方式转变；加快改善农村民生，缩小城乡公共事业发展差距；协调推进城乡改革，增强农业农村发展活力；加强农村基层组织建设，巩固党在农村的执政基础等。

文件特别强调了推进城镇化发展的制度创新。提出积极稳妥推进城镇化，提高城镇规划水平和发展质量，要把加强中小城市和小城镇发展作为重点。深化户籍制度改革，加快落实放宽中小城市、小城镇特别是县城和中心镇落户条件的政策，促进符合条件的农业转移人口在城镇落户并享有与当地城镇居民同等的权益。

13. 第十三个中央1号文件

发布时间：2011年1月29日

主要内容：

2010年，我国农业农村发展的形势相当好。粮食产量创历史最高水平，农民人均纯收入历史上增加额度最大。但是农业农村形势也面临着一些严峻挑战，其中一个就是农业的水利设施明显不能适应农业稳定发展、经济平稳较快发展的需要。所以中共中央、国务院把2011年1号文件的主题定为加快水利改革发展。1月29日，《中共中央　国务院关于加快水利改革发展的决定》发布，这是新中国成立62年来中央文件首次对水利工作进行全面部署。

文件提出要把水利工作摆上党和国家事业发展更加突出的位置，着力加快农田水利建设，推动水利实现跨越式发展。提出力争通过5年到10年努力，从根本上扭转水利建设明显滞后的局面。

14. 第十四个中央1号文件

发布时间：2012年2月1日

主要内容：

2012年2月发布的《中共中央　国务院关于加快推进农业科技创新持续增强农产品供给保障能力的若干意见》，突出强调部署农业科技创新，把推进农业科技创新作为“三农”工作的重点。

以中央1号文件的形式统一全党意志大力推进农业科技改革发展，在我国的农业发展历程中是首次，在科技发展进程中也是首次，有许多创新之处。其中最受广大农业科研和农技推广人员欢迎的政策亮点有两个：一个是关于农业科技公共性、基础性、社会性的“三性”论述，这一论述给广大农业科技人员吃下了定心丸；另一个就是关于基层农技推广体系改革与建设“一个衔接、两个覆盖”的政策，即：乡镇农技人员工资待遇要与当地事业单位的平均收入相衔接，当年基层农技推广体系改革与建设示范县项目基本覆盖所有农业县，农业技术推广机构条件建设项目覆盖全部乡镇。

15. 第十五个中央1号文件

发布时间：2013年1月31日

主要内容：

2012年11月8日，党的十八大召开。两个月后的2013年1月31日，21世纪以来连续第十年聚焦“三农”的中央1号文件《中共中央　国务院关于加快发展现代农业进一步增强农村发展活力的若干意见》发布。

伴随工业化、城镇化深入推进，我国农业农村发展正在进入新的阶段，呈现出农业综合生产成本上升、农产品供求结构性矛盾突出、农村社会结构加速转型、城乡发展加快融合的态势。文件对“加快发展现代农业、进一步增强农村发展活力”作出全面部署，要求必须顺应阶段变化，遵循发展规律，增强忧患意识，举全党全国之力持之以恒强化农业、惠及农村、富裕农民。按照保供增收惠民生、改革创新添活力的工作目标，加大农村改革力度、政策扶持力度、科技驱动力度。

16. 第十六个中央1号文件

发布时间：2014年1月19日

主要内容：

2013年，我国农业农村发展持续向好、稳中有进。这时我国经济社会发展正处在转型期，农村改革发展面临的环境更加复杂、困难挑战增多。必须进一步解放思想，稳中求进，改革创新。

2014年1月，《中共中央　国务院关于全面深化农村改革加快推进农业现代化的若干意见》发布。指出全面深化农村改革，要坚持社会主义市场经济改革方向，处理好政府和市场的关系，激发农村经济社会活力；要鼓励探索创新，在明确底线的前提下，支持地方先行先试，尊重农民群众实践创造；要因地制宜、循序渐进，不搞“一刀切”、不追求一步到位，允许采取差异性、过渡性的制度和政策安排；要城乡统筹联动，赋予农民更多财产权利，推进城乡要素平等交换和公共资源均衡配置，让农民平等参与现代化进程、共同分享现代化成果。

17. 第十七个中央 1 号文件

发布时间：2015 年 2 月 1 日

主要内容：

2015 年中央 1 号文件《中共中央　国务院关于加大改革创新力度加快农业现代化建设的若干意见》指出，当前我国经济发展进入新常态，正从高速增长转向中高速增长，如何在经济增速放缓背景下继续强化农业基础地位、促进农民持续增收，是必须破解的一个重大课题。

文件深入分析了当前我国农业面临的矛盾和问题，说明了依靠拼资源、拼消耗的传统农业发展方式已难以为继。要主动适应经济发展新常态，按照稳粮增收、提质增效、创新驱动的总要求，继续全面深化农村改革，全面推进农村法治建设，推动新型工业化、信息化、城镇化和农业现代化同步发展，努力在提高粮食生产能力上挖掘新潜力，在优化农业结构上开辟新途径，在转变农业发展方式上寻求新突破，在促进农民增收上获得新成效，在建设新农村上迈出新步伐，为经济社会持续健康发展提供有力支撑。

18. 第十八个中央 1 号文件

发布时间：2016 年 1 月 27 日

主要内容：

2016 年 1 月，《中共中央　国务院关于落实发展新理念加快农业现代化实现全面小康目标的若干意见》发布。要求各地区各部门要牢固树立和深入贯彻落实创新、协调、绿色、开放、共享的发展理念，大力推进农业现代化，确保亿万农民与全国人民一道迈入全面小康社会。

文件提出，用发展新理念破解“三农”新难题，厚植农业农村发展优势，加大创新驱动力度，推进农业供给侧结构性改革，加快转变农业发展方式，保持农业稳定发展和农民持续增收。

19. 第十九个中央 1 号文件

发布时间：2017 年 2 月 5 日

主要内容：

2017 年 2 月，《中共中央　国务院关于深入推进农业供给侧结构性改革加快培育农业农村发展新动能的若干意见》发布。文件明确指出，要把深入推进农业供给侧结构性改革作为当前和今后一个时期“三农”工作的主线。

经过多年努力，我国农业农村发展已进入新的历史阶段。农业的主要矛盾由总量不足转变为结构性矛盾，突出表现为阶段性供过于求和供给不足并存，矛盾的主要方面在供给侧。迫切要求深入推进农业供给侧结构性改革，加快培育农业农村发展新动能。

文件指出，推进农业供给侧结构性改革，要在确保国家粮食安全的基础上，紧紧围绕市场需求变化，以增加农民收入、保障有效供给为主要目标，以提高农业供给质量为主攻方向，以体制改革和机制创新为根本途径。并强调，农业供给侧结构性改革是一个长期过程，必须直面困难和挑战，尽力降低改革成本，积极防范改革风险。

20. 第二十个中央1号文件

发布时间：2018年1月2日

主要内容：

党的十九大提出，实施乡村振兴战略。2018年2月，《中共中央　国务院关于实施乡村振兴战略的意见》发布。围绕实施好乡村振兴战略，文件谋划了一系列重大举措，确立起了乡村振兴战略的“四梁八柱”，是实施乡村振兴战略的顶层设计。

文件有两个重要特点：一是管全面。文件按照党的十九大提出的关于乡村振兴的20个字5个方面的总要求，对统筹推进农村经济、政治、文化、社会、生态文明和党的建设，都作出了全面部署。二是管长远。文件按照党的十九大提出的决胜全面建成小康社会、分两个阶段实现第二个百年奋斗目标的战略安排，按照“远粗近细”的原则，对实施乡村振兴战略的3个阶段性目标任务作了部署。在历年中央1号文件中字数最多。

21. 第二十一个中央1号文件

发布时间：2019年2月19日

主要内容：

这份文件题为《中共中央　国务院关于坚持农业农村优先发展做好“三农”工作的若干意见》，全文共分8个部分，包括：聚力精准施策，决战决胜脱贫攻坚；夯实农业基础，保障重要农产品有效供给；扎实推进乡村建设，加快补齐农村人居环境和公共服务短板；发展壮大乡村产业，拓宽农民增收渠道；全面深化农村改革，激发乡村发展活力；完善乡村治理机制，保持农村社会和谐稳定；发挥农村党支部战斗堡垒作用，全面加强农村基层组织建设；加强党对“三农”工作的领导，落实农业农村优先发展总方针。

22. 第二十二个中央1号文件

发布时间：2020年2月5日

主要内容：

《中共中央　国务院关于抓好“三农”领域重点工作确保如期实现全面小康的意见》。文件对标全面建成小康社会目标，聚焦完成打赢脱贫攻坚战和补上全面小康“三农”领域突出短板这两大重点任务。提出要补上农村公共基础设施、供水保障、人居环境整治、教育、医疗卫生服务、社会保障、公共文化服务以及生态环境治理等8方面短板。

23. 第二十三个中央1号文件

发布时间：2021年2月1日

主要内容：

《中共中央　国务院关于全面推进乡村振兴加快农业农村现代化的意见》。全文共5个部分，包括：总体要求、实现巩固拓展脱贫攻坚成果同乡村振兴有效衔接、加快推进农业现代化、大力实施乡村建设行动、加强党对“三农”工作的全面领导。主要内容可以概括为“两个决不能，两个开好局起好步，一个全面加强”。

“两个决不能”就是巩固拓展脱贫攻坚成果决不能出问题、粮食安全决不能出问题。强调设立衔接过渡期，实现巩固拓展脱贫攻坚成果同乡村振兴的有效衔接，确保守住不发生规模性返贫底线。明确要求“十四五”各省（区、市）要稳定粮食播种面积、提高单产水平，确保粮食产量稳定在1.3万亿斤以上。

“两个开好局起好步”就是农业现代化、农村现代化都要开好局起好步。农业现代化方面，突出部署解决种子和耕地两个要害问题，强化现代农业科技和物质装备支撑，着力构建现代乡村产业体系、现代农业经营体系，推进农业绿色发展。农村现代化方面，以实施乡村建设行动为抓手，部署一批农村人居环境、基础设施和公共服务、农村消费、县域内城乡融合发展等方面的重点工程和行动。

“一个全面加强”就是加强党对“三农”工作的全面领导。对健全党的农村工作领导体制和工作机制、加强党的农村基层组织建设和乡村治理等方面提出明确要求，强调要强化农业农村优先发展投入保障。

24. 第二十四个中央1号文件

发布时间：2022年2月22日

主要内容：

《中共中央　国务院关于做好2022年全面推进乡村振兴重点工作的意见》。2022年中央1号文件锚定乡村振兴的总体目标，坚持稳字当头、稳中求进，对2022年乡村振兴重点工作作出全面部署。文件包括8个部分35条，主要内容可以概括为“两条底线、三项重点、一个加强”。

“两条底线”就是牢牢守住保障国家粮食安全和不发生规模性返贫两条底线。强调全力抓好粮食生产和重要农产品供给，严守18亿亩耕地红线，确保粮食播种面积稳定、产量保持在1.3万亿斤以上；完善落实监测帮扶机制，推动脱贫地区更多依靠发展来巩固拓展脱贫攻坚成果，确保不发生规模性返贫。

“三项重点”就是扎实有序推进乡村发展、乡村建设、乡村治理。乡村发展方面，重点推进农村一二三产业融合发展，促进农民就地就近就业增收。乡村建设方面，重点加强普惠性、基础性、兜底性民生建设，健全实施机制。乡村治理方面，重点加强农村基层组织建设，创新农村精神文明建设有效平台载体，维护农村社会平安稳定。

“一个加强”就是坚持和加强党对“三农”工作的全面领导。强调压实全面推进乡村振兴责任，加大政策保障和体制机制创新力度。

25. 第二十五个中央1号文件

发布时间：2023年2月13日

主要内容：

在粮食生产再夺丰收，脱贫攻坚成果持续巩固，农民收入稳定增长，乡村振兴重点任务扎实推进的时代背景下，2023年2月13日中央1号文件《中共中央　国务院关于做好2023年全面推进乡村振兴重点工作的意见》发布。按照党中央、国务院部署要求，文件全面贯彻党的二十大精神，锚定加快建设农业强国目标，聚焦乡村振兴主题，注重长短结合，突出“短实新”

特点，紧紧围绕全面推进乡村振兴必须守牢的底线、迫切需要解决的问题，明确重点任务和政策举措。文件包括9个部分33条，主要内容概括为“守底线”“促振兴”“强保障”。

“守底线”就是坚决守牢确保国家粮食安全、防止发生规模性返贫底线。一是强调抓紧抓好粮食和重要农产品稳产保供，加强农业基础设施建设，强化农业科技和装备支撑，确保全国粮食产量保持在1.3万亿斤以上。二是强调增强脱贫地区和脱贫群众内生发展动力，稳定完善帮扶政策，坚决守住不发生规模性返贫底线。

“促振兴”就是围绕乡村振兴总要求，扎实推进乡村发展、乡村建设、乡村治理等重点工作。一是强调推动乡村产业高质量发展，培育乡村新产业新业态。二是强调促进农民就业增收、农业经营增效，赋予农民更加充分的财产权益，拓宽农民增收致富渠道。三是瞄准“农村基本具备现代生活条件”的目标，扎实推进宜居宜业和美乡村建设。四是强调健全党组织领导的乡村治理体系，提升乡村治理效能。

“强保障”就是加强组织领导。强调强化政策保障和体制机制创新，加强党对“三农”工作的全面领导。

后　记

城乡融合是社会进步与发展的必然产物。在新时代，重视城乡融合发展是解决当下城乡关系，促进乡村振兴的强大保障。随着乡村振兴战略的实施，城乡融合发展体制机制的确立，中国的城乡关系必然进入到一个全新的发展阶段。这对解决当前城乡不平衡和乡村发展不充分的矛盾将起到积极的推动作用。因此，研究城乡融合发展对于实现乡村振兴、全面建设社会主义现代化国家、实现中华民族伟大复兴有着重要的理论意义和实践意义。为此，吉林农业科技学院组织编写了“读懂乡村中国”系列丛书。本书《城乡融合：重塑新型城乡关系的理论与实践》即是系列丛书之一。同时，本书也是吉林农业科技学院2021年博士基金项目《乡村振兴背景下吉林省城乡融合发展评价体系研究》的阶段性成果，也是吉林省社科院吉林分院乡村振兴研究基地（思政方向）的研究成果。

当此书即将付梓之际，要感谢吉林农业科技学院科技处的大力支持，感谢吉林农业科技学院的周青海教授、潘业兴教授的精心指导。

本书由吉林农业科技学院吕路军、李帅合作完成。吕路军负责全书写作提纲的拟定、统稿工作，撰写了第一章到第五章，李帅撰写了第六章及其余部分。

本书在写作过程中参阅和借鉴了学界前辈和专家、学者的研究成果，虽然已经做了标注，但恐有遗漏，在此表示感谢！由于时间仓促，加之笔者水平有限，书中难免有不足之处，诚恳专家和读者批评指正！

2023年2月20日

图书在版编目（CIP）数据

城乡融合：重塑新型城乡关系的理论与实践 / 吕路军，李帅著. —北京：中国农业出版社，2023.4
（读懂乡村中国系列丛书）
ISBN 978-7-109-30617-2

Ⅰ.①城… Ⅱ.①吕… ②李… Ⅲ.①城乡建设—区域经济发展—研究—中国 Ⅳ.①F299.27

中国国家版本馆CIP数据核字（2023）第068243号

中国农业出版社出版
地址：北京市朝阳区麦子店街18号楼
邮编：100125
责任编辑：王秀田
版式设计：王 晨 责任校对：吴丽婷
印刷：北京中兴印刷有限公司
版次：2023年4月第1版
印次：2023年4月北京第1次印刷
发行：新华书店北京发行所
开本：700mm×1000mm 1/16
印张：11
字数：175千字
定价：68.00元
